TRANSTORNOS DE APRENDIZAGEM E COORDENAÇÃO

Dados Internacionais de Catalogação na Publicação (CIP)
(Câmara Brasileira do Livro, SP, Brasil)

Farrell, Michael
  Transtornos de aprendizagem e coordenação: recursos de apoio para dislexia, disgrafia, discalculia e dispraxia / Michael Farrell ; tradução de Guilherme Summa. – Petrópolis, RJ : Vozes, 2024.

  Título original: Supporting disorders of learning and co-ordination

  Bibliografia.

  2ª reimpressão, 2025.

  ISBN 978-85-326-6659-8

  1. Discalculia 2. Disgrafia 3. Dislexia 4. Educação 5. Transtornos de aprendizagem I. Título.

23-178993   CDD-370.1523

Índices para catálogo sistemático:
1. Transtornos de aprendizagem: Psicologia da educação   370.1523

Eliane de Freitas Leite – Bibliotecária – CRB 8/8415

MICHAEL FARRELL

TRANSTORNOS DE APRENDIZAGEM E COORDENAÇÃO

Recursos de apoio para dislexia, disgrafia, discalculia e dispraxia

Tradução de Guilherme Summa

EDITORA VOZES

Petrópolis

© 2022 Michael Farrell.

Tradução autorizada da edição em língua inglesa, publicada pela Routledge, membro do Grupo Taylor & Francis.

Tradução do original em inglês intitulado *Supporting Disorders of Learning and Co-ordination: Effective Provision for Dyslexia, Dysgraphia, Dyscalculia, and Dyspraxia – 3. ed.*

Direitos de publicação em língua portuguesa – Brasil:
2024, Editora Vozes Ltda.
Rua Frei Luís, 100
25689-900 Petrópolis, RJ
www.vozes.com.br
Brasil

Todos os direitos reservados. Nenhuma parte desta obra poderá ser reproduzida ou transmitida por qualquer forma e/ou quaisquer meios (eletrônico ou mecânico, incluindo fotocópia e gravação) ou arquivada em qualquer sistema ou banco de dados sem permissão escrita da editora.

CONSELHO EDITORIAL	PRODUÇÃO EDITORIAL
Diretor	Aline L.R. de Barros
Volney J. Berkenbrock	Anna Catharina Miranda
	Eric Parrot
Editores	Jailson Scota
Aline dos Santos Carneiro	Marcelo Telles
Edrian Josué Pasini	Mirela de Oliveira
Marilac Loraine Oleniki	Natália França
Welder Lancieri Marchini	Priscilla A.F. Alves
	Rafael de Oliveira
Conselheiros	Samuel Rezende
Elói Dionísio Piva	Verônica M. Guedes
Francisco Morás	
Teobaldo Heidemann	
Thiago Alexandre Hayakawa	

Secretário executivo

Leonardo A.R.T. dos Santos

Diagramação: Littera Comunicação e Design
Revisão gráfica: Rubia Campos
Capa: Érico Lebedenco

ISBN 978-85-326-6659-8 (Brasil)
ISBN 978-1-032-01271-1 (Reino Unido)

Este livro foi composto e impresso pela Editora Vozes Ltda.

Sumário

Sobre o autor 5

Prefácio à terceira edição inglesa 17

1 Apresentando os transtornos de aprendizagem e coordenação, e instrumentos de suporte, 19

1.1 Introdução 19

1.2 Transtornos de aprendizagem e coordenação 19

1.3 Aspectos dos transtornos de aprendizagem e coordenação 20

    1.3.1 Definições de transtornos 20

    1.3.2 Prevalência 21

    1.3.3 Fatores casuais 22

    1.3.4 Identificação e avaliação 22

    1.3.5 Coocorrência de transtornos de aprendizagem . 22

1.4 Aspectos dos instrumentos de suporte para transtornos 23

1.5 Instrumentos de suporte e eficácia 24

1.6 Adaptações e modificações nos programas........ 25

1.7 Ordem e estrutura dos capítulos subsequentes..... 26

1.8 A quem se destina a leitura 27

1.9 Conclusão................................... 27

1.10 Referências................................. 28

2 Deficiência na leitura/dislexia, 29

2.1 Introdução 29

2.2 Leitura e processos de leitura 30

2.3 Definição de deficiência na leitura.............. 31

2.4 Prevalência................................... 33

2.5 Fatores causais cognitivos 34

    2.5.1 Processamento/déficit fonológico........... 35

    2.5.2 Processamento auditivo 37

    2.5.3 Processamento visual 38

    2.5.4 Nomeação rápida........................ 39

    2.5.5 Memória de curto prazo e memória de trabalho 40

    2.5.6 Atenção................................ 41

2.6 Fatores causais genéticos e neurobiológicos na leitura...................................... 41

2.7 Identificação e avaliação....................... 42

    2.7.1 Habilidades de leitura.................... 43

    2.7.2 Compreensão de leitura 44

2.8 Instrumentos de suporte 45

2.9 Aprendizagem fonética........................ 45

2.9.1 Instrução fonética explícita e sistemática..... 46

2.9.2 Generalizando as habilidades fonológicas para a leitura........................... 47

2.9.3 Abordagens de grupo que apoiam a consciência e compreensão fonética........ 48

2.10 Fluência de leitura........................... 50

2.10.1 Estratégias gerais para fluência de leitura ... 50

2.10.2 Programas de leitura estruturada combinados com programas de fluência de leitura....... 52

2.10.3 Recuperação, automaticidade, elaboração de vocabulário, envolvimento com a linguagem, ortografia (RAVE-O) 53

2.11 Compreensão de leitura...................... 54

2.11.1 Questões gerais sobre compreensão de leitura.. 55

2.11.2 Instrução de vocabulário 56

2.11.3 Abordagens multicomponentes........... 57

2.12 Currículo e avaliação, pedagogia, recursos, terapia e organização 59

2.12.1 Currículo e avaliação 59

2.12.2 Pedagogia 59

2.12.3 Recursos 60

2.12.4 Terapia................................. 60

2.12.5 Organização............................ 61

2.13 Conclusão................................... 61

2.14 Pontos para reflexão......................... 62

2.15 Texto essencial.............................. 63

2.16 Referências.................................. 63

3 Deficiência na expressão escrita, 69

3.1 Introdução 69

3.2 Componentes da escrita 70

3.3 Definição de deficiência na expressão escrita 72

3.4 Prevalência 73

3.5 Fatores causais e fatores associados relacionados à deficiência na expressão escrita 73

   3.5.1 Ortografia 74

   3.5.2 Gramática e pontuação 74

   3.5.3 Composição de escrita 74

3.6 Identificação e avaliação 75

   3.6.1 Avaliação da precisão ortográfica 75

   3.6.2 Avaliação de gramática e pontuação 77

   3.6.3 Avaliação da redação 77

3.7 Instrumentos de suporte para ortografia 78

   3.7.1 Questões gerais – enfatizar grupos ortográficos ou usar contexto motivacional .. 78

   3.7.2 Abordagens multissensoriais 80

   3.7.3 *Directed Spelling Thinking Activity* 82

   3.7.4 Palavras-alvo para ortografia 83

3.8 Instrumentos de suporte para gramática e pontuação . 84

   3.8.1 Gramática 85

   3.8.2 Pontuação 87

3.9 Instrumentos de suporte para redação 89

   3.9.1 Desenvolvimento de estratégias de autorregulação 90

   3.9.2 Reduzindo as demandas das tarefas 91

3.9.3 Estruturas de apoio à redação 93

3.9.4 Redação com um propósito 93

3.9.5 Ensinar leitura e escrita ao mesmo tempo 94

3.9.6 Recursos para composição de redação 95

3.10 Currículo e avaliação, pedagogia, recursos,
terapia e organização 96

3.10.1 Currículo e avaliação 96

3.10.2 Pedagogia 97

3.10.3 Recursos 98

3.10.4 Terapia. 98

3.10.5 Organização 98

3.11 Pontos para reflexão 99

3.12 Textos essenciais 99

3.13 Conclusão. 100

3.14 Referências. 101

4 Deficiência em matemática, 105

4.1 Introdução 105

4.2 A importância da matemática e sua aprendizagem . . 106

4.3 A natureza da matemática 107

4.3.1 Uma base para a compreensão e habilidade
em matemática. 107

4.4 Definições relativas à deficiência em matemática . 109

4.4.1 Deficiência em matemática 109

4.4.2 Transtorno específico de habilidades
aritméticas 110

4.4.3 Discalculia 111

4.5 Deficiência em matemática: prevalência e coocorrência com outros transtornos 112

    4.5.1 Prevalência 112

4.6 Coocorrência de deficiência em matemática com outros transtornos........................... 112

4.7 Fatores causais................................ 113

4.8 Identificação e avaliação...................... 115

    4.8.1 Avaliações comerciais.................... 115

    4.8.2 Identificação precoce 117

    4.8.3 Resposta à avaliação da intervenção....... 118

4.9 Instrumentos de suporte 118

4.10 Currículo e avaliação 119

    4.10.1 Currículo 119

    4.10.2 Avaliação............................. 120

4.11 Pedagogia.................................. 122

    4.11.1 Instrução explícita e prática do senso numérico 122

    4.11.2 Progredindo da experiência concreta para representações simbólicas e fatos numéricos básicos...................... 126

    4.11.3 Desenvolver a compreensão da linguagem matemática.......................... 128

    4.11.4 Usando experiências cotidianas de matemática 131

    4.11.5 Usando computadores para aprender matemática 132

4.12 Reduzindo a ansiedade em relação à matemática ..133

4.13 Recursos.................................... 135

4.14 Terapia 136

4.15 Organização.............................. 136

4.16 Conclusão................................ 136

4.17 Pontos para reflexão....................... 138

4.18 Textos essenciais.......................... 138

4.19 Recursos................................. 139

4.20 Referências............................... 139

5 Transtorno do desenvolvimento da coordenação, 147

5.1 Introdução................................. 147

5.2 Definições................................. 148

    5.2.1 TDC é mais do que "ser desajeitado"....... 148

    5.2.2 Transtorno do desenvolvimento da coordenação e dispraxia.................. 149

    5.2.3 Tipos de problemas motores.............. 150

5.3 Implicações do transtorno do desenvolvimento da coordenação.............................. 151

5.4 Prevalência e coocorrência com outros transtornos .153

    5.4.1 Prevalência de TDC..................... 153

    5.4.2 Coocorrência de TDC com outros transtornos............................ 153

5.5 Fatores causais............................. 153

5.6 Identificação e avaliação..................... 154

    5.6.1 Testes de triagem...................... 155

    5.6.2 Implicações das avaliações em diferentes idades . 155

    5.6.3 Avaliações comerciais................... 156

    5.6.4 Avaliações multiprofissionais............. 158

5.6.5 Elegibilidade para instrumentos de
suporte especiais 158

5.7 Currículo e avaliação 159

5.8 Pedagogia 160

5.8.1 Abordagens gerais do grupo 161

5.8.2 Treinamento de habilidades específicas 163

5.8.3 Adaptações para aumentar a participação... 163

5.8.4 Educação física. 165

5.8.5 Desenvolvimento pessoal e social 167

5.8.6 Escrita à mão e alternativas 170

5.9 Recursos 175

5.10 Terapia 175

5.10.1 Trabalho multiprofissional inovador 176

5.10.2 Treinamento de Tarefas Neuromotoras 177

5.10.3 Orientação Cognitiva para o Desempenho
Ocupacional Diário. 177

5.11 Organização 178

5.12 Conclusão. 179

5.13 Pontos para reflexão 181

5.14 Texto essencial. 181

5.15 Referências 182

6 Trabalho multiprofissional, 187

6.1 Introdução 187

6.2 Papéis profissionais 188

6.2.1 Fonoaudiólogo 189

6.2.2 Fisioterapeuta 190

6.2.3 Psicólogo escolar 191

6.2.4 Terapeuta ocupacional 192

6.2.5 Assistente social escolar 192

6.3 Trabalho multiprofissional. 193

6.3.1 Trabalho multiprofissional e multiagência . . 193

6.3.2 Modelos de prestação de serviços 194

6.3.3 Ligações comuns entre serviços 194

6.4 Desafios do trabalho multiprofissional 195

6.4.1 Desafios de coordenar vários profissionais . . 195

6.4.2 Diferenças profissionais: de salários a lutas
de poder 196

6.5 Auxílios ao trabalho multiprofissional. 197

6.5.1 Desenvolver perspectivas sobrepostas 197

6.5.2 Compartilhar um propósito comum e
comunicar-se claramente 198

6.5.3 Haver um consenso sobre a responsabilidade
de cada parte 199

6.5.4 Desenvolver um local único para pais e alunos . 199

6.5.5 Construir fortes relações entre pais
e profissionais. 200

6.5.6 Participar de treinamentos e avaliações
compartilhados 201

6.5.7 Trabalhar juntos na sala de aula 202

6.5.8 Coordenação de apoio 203

6.6 Pontos para reflexão 204

6.7 Texto essencial. 204

6.8 Conclusão. 205

6.9 Referências. 206

Sobre o autor

Michael Farrell estudou no Reino Unido. Depois de graduar-se como professor no Bishop Grosseteste College, em Lincoln, e formar-se com honras pela Universidade de Nottingham, conquistou o título de Mestre em Educação e Psicologia pelo Instituto de Educação da Universidade de Londres. Posteriormente, realizou pesquisas para um mestrado em filosofia no Instituto de Psiquiatria/Maudsley Hospital, em Londres, e para um doutorado em filosofia sob os auspícios da Medical Research Council Cognitive Development Unit e da Universidade de Londres.

Profissionalmente, Michael Farrell trabalhou como diretor e professor na Universidade de Londres. Supervisionou um projeto psicométrico nacional para a City, Universidade de Londres, e dirigiu um plano nacional de treinamento inicial de professores para o Departamento de Educação do Governo do Reino Unido. Por mais de uma década, liderou inspeções de escolas regulares e de instituições de ensino e unidades especiais (internato, diurna, hospitalar, psiquiátrica). Atualmente, trabalha com uma variedade de clientes como consultor particular de educação especial. Os países onde lecionou ou prestou serviços de consultoria incluem China, Japão, Seychelles, Austrália, Peru, Suécia e Reino Unido.

Entre seus livros, que foram traduzidos na Europa e na Ásia, estão *Looking into Special Education* (Routledge, 2014) e *Investigating the Language of Special Education* (Palgrave Macmillan, 2014).

Prefácio à terceira edição inglesa

É um grande prazer escrever o prefácio de *Recursos de apoio para transtornos de aprendizagem e coordenação* (terceira edição). Com o feedback dos leitores e minhas conferências com base na edição anterior deste livro, então chamado *The effective teacher's guide to dyslexia and other learning difficulties*, ficou cada vez mais claro que ele falava para um largo espectro de profissionais.

Este público sem dúvida incluía professores, diretores, assistentes de sala de aula e gestores escolares. Mas incluía também profissionais igualmente importantes como psicoterapeutas, fonoaudiólogos, terapeutas da fala e da linguagem e muitos outros. Os pais de crianças e jovens com transtornos de aprendizagem ou coordenação foram participantes importantes.

Nesta nova edição, tenho o prazer de refletir melhor essa ampla gama de interesses não apenas no título da obra, mas também em seu conteúdo. Além disso, o livro foi atualizado para abranger novos desenvolvimentos em pesquisa e compreensão.

Michael Farrell
Herefordshire, Reino Unido

1
Apresentando os transtornos de aprendizagem e coordenação, e instrumentos de suporte

1.1 Introdução

Aqui, apresento os transtornos de aprendizagem e coordenação. O capítulo analisa aspectos desses transtornos como "prevalência" e "fatores causais" e, em relação aos instrumentos de suporte, discute exemplos como "pedagogia", "terapia" e "organização". Descrevo o conteúdo e a estrutura da obra, destacando os recursos desta nova edição e esclareço a quem o livro se destina.

1.2 Transtornos de aprendizagem e coordenação

Os transtornos de aprendizagem e coordenação discutidos neste livro são:

- deficiência na leitura/dislexia;
- deficiência na expressão escrita/disgrafia;
- transtorno do desenvolvimento da coordenação/dispraxia; e
- deficiência em matemática/discalculia.

Esses transtornos são às vezes chamados de "específicos" porque, sendo circunscritos, não implicam uma dificuldade generalizada de aprendizagem (como é o caso, por exemplo, do déficit cognitivo). A designação já tem algum tempo. Nos Estados Unidos, "transtorno específico de aprendizagem" é um dos códigos de deficiência discriminados (código 9) refletindo categorias sob a lei federal que incluem deficiência na leitura, deficiência na expressão escrita e deficiência em matemática (Individuals with Disabilities Education Act, 1997). Na Inglaterra, uma classificação semelhante, "dificuldades de aprendizagem específicas", compreende dislexia, discalculia e dispraxia (Department of Education and Skills, 2005).

1.3 Aspectos dos transtornos de aprendizagem e coordenação

Em cada um dos capítulos subsequentes sobre os diferentes tipos de transtornos, discuto definições, prevalência, fatores causais e identificação e avaliação.

1.3.1 Definições de transtornos

Definir um transtorno da forma mais clara possível é naturalmente importante. As definições podem envolver critérios como os estabelecidos no *Manual Diagnóstico e Estatístico de Transtornos Mentais*, também conhecido como *DSM-5* (American Psychiatric Association [APA], 2013). Estes, por sua vez, referem-se à identificação e avaliação do transtorno. No entanto, tais definições são tema de discussão. Para alguns especialistas, o termo "dislexia" pode ser equivocado uma vez que interpretações o separam das dificuldades de leitura que muitos profissionais e pesquisadores consideram centrais (Elliott & Grigorenko, 2014).

1.3.2 Prevalência

No presente contexto, a prevalência se refere à ocorrência de um transtorno em uma população em um momento específico. Muitas vezes, é expressa como uma porcentagem (ou proporção) da população em questão. A "prevalência pontual", portanto, diz respeito à porcentagem em um ponto específico no tempo, como uma data determinada. "Prevalência do período" se refere à porcentagem durante um período mais longo entre duas datas especificadas. Quanto à população, pode ser a população geral ou um subgrupo menor, como pessoas de uma determinada faixa etária. "Incidência", um termo relacionado, é uma medida dos novos casos de um transtorno que surge em uma população em um período especificado, por exemplo, um dia, um mês ou um ano. Essas informações permitem que os provedores de cuidados de saúde e educação planejem os instrumentos de suporte.

As estimativas de prevalência de uma condição como deficiência na leitura podem variar amplamente. Pode haver discordância sobre a natureza da condição e, portanto, sobre os critérios usados para identificá-la e avaliá-la. Onde há tal discordância, isso afeta a confiança sobre o que constituiria um suporte adequado.

1.3.3 Fatores casuais

Como pode não ser possível identificar o que causa diretamente um transtorno, usa-se a expressão "fatores causais". Isso permite chamar a atenção para várias influências potencialmente relevantes. No caso de deficiência na leitura, os pesquisadores examinaram muitos fatores que podem contribuir para a condição, incluindo processamento/déficit fonológico, processamento visual, nomeação rápida e processamento auditivo.

1.3.4 Identificação e avaliação

A identificação e avaliação dos tipos de transtornos estão ligadas a definições e critérios relacionados. Uma vez que uma dificuldade foi definida e critérios foram desenvolvidos para ela, é de se esperar que isso seja usado na identificação e avaliação. Para tanto, empregam-se testes psicométricos, observações do indivíduo e discussões com outros profissionais.

1.3.5 Coocorrência de transtornos de aprendizagem

Muitas vezes, alguns transtornos ocorrem concomitantemente. Para dar apenas um exemplo, a coocorrência de transtorno de coordenação do desenvolvimento com transtorno de déficit de atenção e hiperatividade é de cerca de 50% (APA, 2013). Quando as dificuldades surgem juntas, pode ser devido a fatores causais subjacentes comuns. Ou os transtornos podem estar relacionados a dificuldades compartilhadas com habilidades "subjacentes", como atenção e memória.

1.4 Aspectos dos instrumentos de suporte para transtornos

Nos capítulos posteriores, além dos aspectos dos transtornos, instrumentos de suporte para eles também são discutidos em relação ao currículo e respectiva avaliação, pedagogia, recursos, terapia/cuidados e organização.

Currículo se refere ao conteúdo do que deve ser apresentado ou disponibilizado para um indivíduo. É planejado com a intenção de que um aluno adquira conhecimento, construa uma habilidade ou conjunto de habilidades e desenvolva certas atitudes e valores. É o "veículo" para possibilitar a aprendizagem e o desenvolvimento. Esse modelo também envolve estrutura, como por exemplo o conteúdo ser definido em uma determinada ordem (por exemplo, de aspectos fáceis para os mais difíceis).

Onde é importante saber que algo foi aprendido, a avaliação relacionada ao currículo entra em cena. Se um indivíduo está aprendendo aspectos da fonética, então, avaliações podem ser realizadas para ver se eles realmente foram adquiridos.

Pedagogia diz respeito aos métodos de ensino que permitem a aprendizagem. Pode envolver estimular o uso dos sentidos para aprimorá-la – olhar, ouvir, tocar, e assim por diante. Um dos caminhos é encorajar o aluno a praticar uma habilidade em pequenos passos e evoluir disso para padrões de habilidade mais complexos. Orientação (através de discussão) pode ser oferecida para ajudar um indivíduo a desenvolver atitudes como o respeito pelos outros.

Recursos referem-se aos materiais, equipamentos e outros apoios usados para melhorar a aprendizagem e o desenvolvimento. Exemplos são adaptadores para preensão de lápis, computadores e *software*, réguas, microscópios, equipamentos de ginástica, como barras de parede e cavalos, e mapas.

Terapia refere-se aos instrumentos de suporte envolvendo especialistas em determinadas áreas de desenvolvimento. Eles incluem terapeutas da fala e da linguagem, fisioterapeutas, psicoterapeutas, psicólogos (clínicos, escolares/educacionais), médicos e enfermeiros.

Cuidado está relacionado à terapia. Trata-se de garantir a melhora da saúde e do bem-estar do indivíduo e envolve professores, assistentes de sala de aula/ensino, profissionais médicos e de enfermagem, entre outros.

Organização tem a ver com a disposição de agrupamentos visando encorajar o aprendizado e o desenvolvimento. Pode se referir a alunos interagindo em duplas ou pequenos grupos. Em uma escala mais ampla, pode denotar a organização de um ambiente onde um maior número de indivíduos está presente, isto é, uma escola, clínica, centro de ensino ou similar, onde são tomadas decisões sobre o agrupamento de alunos, por exemplo, de acordo com a idade.

1.5 Instrumentos de suporte e eficácia

Aspectos dos instrumentos de suporte como "currículo" e "organização" se inter-relacionam. Podem incluir programas ou abordagens nos quais conteúdo, pedagogia e recursos se sobrepõem. No entanto, é útil distinguir esses aspectos para ajudar os provedores a revisar sistematicamente o que eles oferecem.

Espera-se que tais instrumentos sejam "eficazes" para melhorar a aprendizagem e o desenvolvimento. Isso implica que haja evidências de seus benefícios embasadas em estudos, ou consenso profissional entre aqueles que empregam tais abordagens. É importante estabelecer a eficácia e os resultados esperados de uma prática específica, se os resultados esperados correspondem às necessidades de um indivíduo e os riscos potenciais de intervenções intensivas prolongadas, incluindo ameaças à coesão familiar. As abordagens podem ser avaliadas com respaldo na prática fundamentada em evidências. Também são baseadas no julgamento profissional e nas opiniões do indivíduo com o transtorno e de sua família ou cuidadores. Os instrumentos de suporte para um indivíduo em particular devem encorajar o progresso, o desenvolvimento e o bem-estar.

1.6 Adaptações e modificações nos programas

É feita uma distinção entre adaptações e modificações na educação especial. Essencialmente, as adaptações são mudanças físicas ou circunstanciais que um educador faz no ambiente de aprendizagem. Exemplos disso são dar mais tempo para completar uma tarefa, permitir pequenas pausas dentro do tempo alocado, mudar a arrumação da sala ou de parte dela e usar um software de computador para "ler" o texto para o aluno. Isso permite que ele contorne uma dificuldade potencial.

Modificações podem ser feitas quando os alunos têm dificuldades cognitivas profundas ou outras. Elas alteram o programa básico usando um currículo paralelo que não inclui todos os itens típicos da faixa etária em questão. Podem envolver mudanças nos padrões exigidos, cursos seguidos e cronograma dos programas. Por exemplo, incluir leitura de nível inferior, eliminar padrões específicos e modificar o currículo.

1.7 Ordem e estrutura dos capítulos subsequentes

Cada um dos demais capítulos deste livro cobre um transtorno de aprendizagem ou coordenação:

- deficiência na leitura/dislexia;
- deficiência na expressão escrita/disgrafia;
- deficiência em matemática/discalculia; e
- transtorno do desenvolvimento da coordenação/dispraxia.

Uma novidade nesta edição é um capítulo sobre trabalho multiprofissional, reforçando a importância de os profissionais entenderem o papel uns dos outros e se unirem em torno de um propósito comum.

Cada capítulo normalmente inclui uma definição do transtorno, prevalência, fatores causais e identificação e avaliação. Isso é seguido por uma descrição dos instrumentos de suporte, como projetos, abordagens e modelos considerados eficazes e embasados em análise profissional, reunidos sob uma estrutura de currículo e respectiva avaliação, pedagogia, recursos, terapia/cuidados e organização. Cada capítulo oferece questões a serem ponderadas para incentivar a discussão e a reflexão. Textos essenciais são mencionados para leitura adicional. Referências são incluídas no fim dos capítulos para que estejam disponíveis se um capítulo individual for copiado ou adquirido eletronicamente.

1.8 A quem se destina a leitura

Os leitores-alvo incluem os envolvidos na educação, ou seja, professores, diretores, assistentes de sala de aula e gestores escolares. Também são fundamentais os psicólogos, fonoaudiólogos, terapeutas da fala e da linguagem e muitos outros profissionais, além dos pais e cuidadores.

1.9 Conclusão

Deficiência na leitura/dislexia, deficiência na expressão escrita/disgrafia, transtorno do desenvolvimento da coordenação/dispraxia e deficiência em matemática/discalculia podem ser agrupados como transtornos de aprendizagem e coordenação. São caracterizados de acordo com suas definições, prevalência, fatores causais, identificação e avaliação e condições coexistentes. Os instrumentos de suporte podem ser identificados em termos de currículo e respectiva avaliação, pedagogia, recursos, terapia e cuidados, e organização.

1.10 Referências

American Psychiatric Association (2013). *Diagnostic and statistical manual of mental disorders fifth edition (DSM-5).* APA.

Department of Education and Skills (2005). *Data collection by special educational need* (2. ed.). https://dera.ioe.ac.uk/7736/

Elliott, J. G., & Grigorenko, E. L. (2014). *The dyslexia debate.* Cambridge University Press.

Individuals with Disabilities Education Act, 20 U.S.C 1402, chapter 33, subchapter 1, "general provisions" (1997). https://law.justia.com/codes/us/1997/

2
Deficiência na leitura/dislexia

2.1 Introdução

A leitura engloba habilidades de leitura de palavras, fluência e entendimento/compreensão. A deficiência na leitura/dislexia é de difícil definição, situação agravada por pesquisadores que utilizam diferentes critérios para caracterizá-la. Devido a isso, as estimativas de prevalência variam amplamente.

A deficiência na leitura envolve fatores causais cognitivos. São eles: processamento/déficit fonológico, processamentos auditivo e visual, nomeação rápida, memórias de curto prazo e de trabalho, e atenção. Existem também possíveis fatores causais neurobiológicos, mas são menos compreendidos. Identificar e avaliar deficiência na leitura inclui o uso de avaliações comerciais.

Os instrumentos de suporte abordam três aspectos: aprendizagem fonética, fluência e compreensão de leitura. Os instrumentos de suporte para aprendizagem fonética envolvem ensino fonético explícito, generalização de habilidades fonológicas para leitura e abordagens de grupo que apoiam a consciência e compreensão fonética. As intervenções para melhorar a fluência de leitura incluem o RAVE-O (Retrieval, Automaticity, Vocabulary elaboration, Engagement with language, Orthography – recuperação, automaticidade, elaboração de vocabulário, envolvimento com a linguagem, ortografia) e programas de leitura estruturados que são conjugados de forma flexível para trabalhar a fluência de leitura. Melhorar a compreensão da leitura envolve estratégias gerais, ensino de vocabulário e abordagens de vários componentes para planejamento dos procedimentos.

Tais instrumentos de suporte se referem ao currículo e respectiva avaliação, pedagogia, recursos, terapia e organização.

2.2 Leitura e processos de leitura

Receber e-mails e mensagens de texto, ler atentamente uma revista ou livro, fechar um contrato, orientar-se em um supermercado e entender os rótulos são ações que fazem parte da vida cotidiana. Em todos esses exemplos, e em muitos outros, a sociedade moderna exige que seus membros saibam ler. É compreensível, portanto, que as dificuldades com a leitura e o que pode ser feito para ajudar os indivíduos que as vivenciam atraiam interesse e pesquisa contínuos.

Uma vez que a leitura fluente e precisa depende de processos e habilidades, segue-se que os problemas com a leitura têm a ver com tais questões. A leitura foi descrita como "um processo de construção de significado a partir da impressão" envolvendo "decodificação" e "compreensão" (Pullen & Cash, 2011, p. 409).

Decodificação exige que o leitor domine sub-habilidades, incluindo

- consciência fonológica e uma compreensão de que as letras escritas representam sons que são misturados em palavras (o princípio alfabético);
- reconhecer palavras;
- compreensão dos conceitos envolvidos na impressão,
- desenvolver o vocabulário; e
- ortografia (Pullen & Cash, 2011, parafraseado).

Compreensão da leitura envolve

- reconhecer palavras;
- leitura fluente; e
- acessar e usar conhecimento prévio relevante para entender passagens de texto (Pullen & Cash, 2011, parafraseado).

Aspectos-chave da leitura, portanto, incluem habilidades de leitura de palavras, fluência e entendimento/compreensão. Como veremos mais adiante, desenvolvê-los é o objetivo central dos instrumentos de suporte.

2.3 Definição de deficiência na leitura

O amplamente utilizado *Manual Diagnóstico e Estatístico de Transtornos Mentais* (*DSM-5*) (APA, 2013, pp. 66-74) propõe uma categoria de "transtorno específico de aprendizagem". Tal transtorno pode envolver combinações de deficiência na leitura, expressão escrita ou matemática.

O transtorno específico de aprendizagem diz respeito genericamente a "dificuldades de aprender e usar habilidades acadêmicas". É importante ressaltar que foram feitas tentativas para enfrentar essas dificuldades com intervenções direcionadas, mas elas persistiram. O transtorno começa durante os anos de idade escolar e os "sintomas" não são mais bem explicados por outras condições ou fatores, como deficiência intelectual ou "instrução educacional inadequada". (Observe que o *DSM-5* deixa claro que as dificuldades decorrentes de uma "instrução" mal direcionada e inadequada não devem ser confundidas com um transtorno específico de aprendizagem.)

Em relação à leitura, há pelo menos seis meses deve haver "sintomas" de "leitura imprecisa ou lenta e trabalhosa de palavras" e "dificuldade em entender o significado do que é lido". A leitura está "substancialmente" abaixo dos níveis esperados para a idade do indivíduo, causando "interferência significativa" no desempenho acadêmico, no trabalho ou na vida diária. Isso é indicado pelos resultados de medidas de desempenho padronizadas administradas individualmente e "avaliação clínica abrangente". As sub-habilidades envolvidas são precisão na leitura de palavras, taxa ou fluência de leitura e compreensão (APA, 2013, pp. 66-67).

A vaga noção de que o desempenho em leitura está "substancialmente abaixo" das expectativas requer mais esclarecimentos. Uma forma de conseguir isso é usar o desvio-padrão das pontuações de leitura. Esta é uma indicação estatística de variação que mostra a dispersão das pontuações sobre a média em uma "distribuição normal". Uma pontuação de leitura de dois ou mais desvios-padrão abaixo do nível esperado seria considerada "substancialmente abaixo". Às vezes, por exemplo, quando o transtorno afetou significativamente o desempenho no teste de inteligência geral, uma pontuação de leitura caindo um desvio-padrão abaixo do nível esperado pode ser suficiente.

Um ponto forte do uso do termo "transtorno específico de aprendizagem" é que ele transmite a ideia de um distúrbio complexo que pode envolver combinações de deficiência na leitura, expressão escrita ou matemática. Uma dificuldade em usar a expressão "dislexia" é que ela pode ser vista por alguns especialistas como uma condição separada de outros transtornos aparentemente relacionados. Assim, o *DSM-5* (APA, 2013, p. 67) refere-se à dislexia como "um padrão de dificuldades de aprendizagem caracterizado por problemas com reconhecimento preciso ou fluente de palavras, decodificação deficiente e habilidades de ortografia deficientes". Critérios relacionados especificam que quaisquer dificuldades adicionais, como no raciocínio matemático, devem ser especificadas (APA).

2.4 Prevalência

As estimativas de prevalência de problemas de leitura variam amplamente. Para "transtorno específico de aprendizagem", que, como vimos, pode incluir combinações de dificuldades de leitura, expressão escrita e matemática, elas variam de 5% a 15% para crianças em idade escolar (APA, 2013, p. 70). As estimativas de dislexia variam de 5-8% a 20% (Mather & Wending, 2012; Shaywitz, 2005). Com relação à compreensão de leitura, a pesquisa constatou que cerca de 3 a 4% dos leitores com habilidades de leitura de palavras "adequadas" (pontuação padrão acima de 90) tiveram má compreensão (pontuação padrão abaixo de 90) (Klingner et al., 2015, p. 4).

Por que as estimativas de prevalência variam tanto? Deficiência na leitura e termos relacionados são definidos e colocados em prática de diferentes maneiras. Além disso, o rigor dos critérios utilizados varia. Quando as deficiências são agrupadas como "transtornos específicos de aprendizagem", os pesquisadores podem não distinguir dentro desse grupo deficiências na leitura, expressão escrita e matemática.

2.5 Fatores causais cognitivos

Os problemas de leitura têm subjacentes várias dificuldades de interação com processos cognitivos (mentais) (Snowling & Hulme, 2011, p. 4). Destacam-se entre estes

- processamento/déficit fonológico;
- processamento auditivo;
- processamento visual;
- nomeação rápida;
- memória de curto prazo e memória de trabalho; e
- atenção.

2.5.1 Processamento/déficit fonológico

O processamento fonológico é importante para a leitura, e alguém com deficiência na leitura pode frequentemente ter problemas com esse processamento, ou seja, um déficit fonológico.

O conhecimento fonológico permite compreender que a alteração de um som da fala em uma palavra muda o significado. Isso nos permite distinguir entre palavras como "gato" e "pato" ou "mas" e "mar". Ouvindo nossa própria fala, nós a modificamos conforme for preciso para formar a palavra necessária. Nosso sistema fonológico ajuda a tornar o processo automático. Ele estabelece uma representação fonológica da sequência de sons da fala. Baseamo-nos nessa representação cognitiva ao desenvolver a consciência dos diferentes sons de uma palavra.

Na leitura do inglês, os sons da fala (são 44) estão associados a representações escritas (grafemas). Isso nos permite, geralmente quando crianças, desenvolver uma relação entre representações sonoras e escritas, uma chamada correspondência fonema-grafema.

Em consonância com esse entendimento do processamento fonológico, Tunmer (2011) propõe vários aspectos:

- percepção fonética (codificação da informação fonológica);
- consciência fonológica (acessar informações fonológicas e realizar operações mentais sobre elas);
- recuperação lexical (recuperação da informação fonológica da memória semântica que envolve o significado das palavras);

- recordação verbal de curto prazo (retenção da informação fonológica na memória de trabalho); e

- recodificação fonológica (tradução de letras e seus padrões em formas fonológicas) (Tunmer, 2011, p. x, parafraseado).

Tendo estabelecido a natureza complexa do processamento fonológico, podemos agora considerar o impacto dos problemas com ele. Um déficit central no processamento fonológico pode ser uma causa comum de dificuldades de leitura (Elliott & Grigorenko, 2014). Crianças com dislexia não raramente têm problemas para processar as palavras faladas de maneira precisa porque, cognitivamente, não estão estabelecendo totalmente as representações dos sons da fala.

À medida que as representações se degradam, torna-se mais difícil adquirir habilidades fonológicas, como a consciência fonológica e a decodificação das relações entre letra e som. Quando um aluno apresenta decodificação fonológica deficiente, ele tem dificuldades de vincular os fonemas com suas respectivas representações visuais nas palavras impressas. Isso, por sua vez, reduz o armazenamento de representações de alta qualidade de grafias de palavras, o que pode prejudicar a identificação rápida de palavras e a fluência de leitura (Elliott & Grigorenko, 2014, pp. 42-49).

Pesquisadores revisaram estudos que analisavam as relações entre a consciência fonêmica, a memória verbal de curto prazo, as habilidades de leitura de palavras das crianças e a consciência do tempo (Melby-Lervåg et al., 2012). (Linguisticamente, uma rima é aquela parte de uma sílaba que compreende sua vogal e quaisquer sons consonantais que a seguem. Na palavra "pôr", a rima é "or".) Os pesquisadores descobriram que indivíduos com dificuldades de leitura, em comparação com leitores mais jovens com desenvolvimento típico e mesmo nível de leitura, tinham um grande déficit na consciência fonêmica (Melby-Lervåg et al.).

Além disso, várias intervenções baseadas em um déficit fonológico hipotético foram desenvolvidas. Descobriu-se que elas melhoram as habilidades e o desempenho de leitores com dificuldades, pelo menos no curto prazo (Olson, 2011).

Entretanto, a hipótese do déficit fonológico não é uma explicação completa. Nem todas as crianças com dificuldades de leitura apresentam um déficit fonológico. De fato, crianças com habilidades fonológicas ruins podem desenvolver boas habilidades de leitura (Catts & Adlof, 2011). No entanto, o déficit fonológico é provavelmente um dos vários déficits interativos que levam ao comprometimento da leitura (Catts & Adlof).

2.5.2 Processamento auditivo

Processamento auditivo refere-se a uma sequência na qual um som é captado pelo ouvido e transmitido à área de linguagem do cérebro para interpretação. Um transtorno ou atraso no processamento auditivo não implica um problema de audição. É uma questão de processar e não de ouvir.

O processamento auditivo provavelmente influencia a consciência fonológica e uma dificuldade nesse processamento tende a limitar nossa capacidade de refletir sobre os sons e palavras que ouvimos, talvez sendo responsável em parte por déficits fonológicos.

Vários déficits de processamento auditivo parecem ser mais prováveis em crianças e adultos com deficiência de leitura (Elliott & Grigorenko, 2014, p. 68). Programas de treinamento podem melhorar o desempenho de tarefas auditivas de crianças com déficits de processamento auditivo, mas há menos evidências de que isso melhore a leitura (McArthur, 2009).

2.5.3 Processamento visual

Processamento visual diz respeito à capacidade do cérebro de usar e interpretar informações visuais do ambiente. Traduzir a energia da luz em uma imagem significativa envolve muitas estruturas cerebrais e processos mentais de nível superior. Ao ler, a análise visual compreende identificar cada letra, codificar sua posição na palavra relevante, e (ao ler uma sequência de palavras), estabelecer uma "janela de atenção" concentrando o foco em uma única palavra.

Uma característica que explica em parte as dificuldades visuais que afetam a leitura é a "aglomeração anormal", que prejudica a separação visual dos contornos das letras próximas. Recursos não relacionados ao "alvo" podem ser integrados incorretamente, dificultando a discriminação de letras (Schneps et al., 2013).

Um estudo avaliou a visão binocular de 26 "crianças disléxicas" por meio de testes visuais e exames oftalmológicos (relativo à anatomia e funcionamento dos olhos). Quando as avaliações exigiam convergência visual, e a capacidade de olhar com os dois olhos era instável, as crianças tinham menos controle dos movimentos oculares (Castro et al., 2008).

Uma via visual "magnocelular" (células grandes) pode estar relacionada a problemas de leitura. Esta via parece detectar movimento, contraste e mudanças rápidas no campo visual. A sensibilidade reduzida neste sistema pode limitar a supressão da informação visual, fazendo com que as imagens durem muito tempo na retina. Portanto, a informação visual se acumula, diminuindo a acuidade visual (clareza da visão), principalmente o reconhecimento preciso de pequenos detalhes. Acuidade visual reduzida leva a leitura prejudicada.

De acordo com a teoria magnocelular, indivíduos com dislexia podem mostrar sensibilidade reduzida a estímulos apresentados rapidamente, o que pode levar a um desempenho ruim em tarefas visuais e problemas de leitura (Stein, 2008; Wright & Conlon, 2009). No entanto, considera-se que não há evidências suficientes de um possível déficit magnocelular para basear o tratamento nele (American Academy of Pediatrics, 2009).

2.5.4 Nomeação rápida

Algumas crianças com dificuldades de leitura têm problemas com a "nomeação automática rápida", a capacidade de nomear rapidamente itens (estímulos visuais) que já conhecem. Em pesquisas que demonstram isso, os indivíduos veem uma série de itens familiares, como letras, números, cores ou objetos, e então lhes é pedido para identificá-los. A velocidade de nomeação tende a se correlacionar com dificuldades de leitura (Norton & Wolf, 2012).

Há um debate sobre o quanto a velocidade de nomeação ruim e o déficit fonológico podem às vezes se misturar, criando um "duplo déficit". Falando de forma prática, existem dúvidas se a velocidade de nomeação pode ser aumentada e, mesmo que pudesse, se isso produziria um melhor desempenho de leitura (Norton & Wolf, 2012).

2.5.5 Memória de curto prazo e memória de trabalho

A memória de curto prazo armazena informações passivamente. A memória de trabalho diz respeito ao armazenamento e processamento e envolve um sistema executivo central e processos controlados relacionados à atenção. Ambos os tipos de memória têm sido associados a problemas de leitura. As opiniões divergem sobre se os processos de memória podem ser melhorados diretamente e, mesmo que possam, se isso beneficiaria a leitura.

Educadores céticos quanto à melhora dos processos de memória por intervenção direta podem se concentrar mais no ensino de habilidades relevantes de leitura e ortografia. De qualquer forma, é provável que os professores levem em consideração quaisquer dificuldades que um aluno tenha com a memória. Eles podem evitar sobrecarregar o aluno com informações em excesso que podem ser apresentadas em partes. Os educadores também podem ensinar estratégias de memória aos alunos, como reunir informações em *clusters* (Gathercole & Alloway, 2008).

2.5.6 Atenção

No presente contexto, "atenção" significa colocar o foco em algo enquanto exclui outros estímulos. Se alguém transfere lentamente a atenção de um item para outro, isso pode criar dificuldades em lidar com sequências de informações visuais ou auditivas (Lalier et al., 2010). Assim, alguns indivíduos com deficiência na leitura podem ter dificuldade em se desvencilhar de estímulos visuais e auditivos apresentados em sequência rápida.

Em relação ao processamento auditivo, a lentidão no deslocamento da atenção pode interferir na percepção de fluxos rápidos de fala. Isso poderia afetar o desenvolvimento das representações fonológicas e prejudicar a leitura. Voltando ao processamento visual, um déficit de atenção pode limitar o número de elementos da sequência de letras que o leitor pode processar simultaneamente, também prejudicando a leitura (Bosse et al., 2007).

2.6 Fatores causais genéticos e neurobiológicos na leitura

Há "conhecimento e compreensão limitados do papel que os fatores genéticos desempenham no desenvolvimento da leitura" (Elliott & Grigorenko, 2014, p. 121). Pesquisas indicam que a deficiência na leitura tem um componente genético. No entanto, o conhecimento genético não pode atualmente permitir que tal deficiência seja identificada separadamente ou apontar para tipos de intervenção individualizados.

A neurobiologia trata da biologia do sistema nervoso. Em relação à anatomia e fisiologia do cérebro, um exame de imagem permite estudar a forma e o tamanho das características deste órgão, bem como seu funcionamento. Isso indica diferenças entre indivíduos com deficiências na leitura e leitores com desenvolvimento típico. No entanto, tal pesquisa não diferencia uma amostra disléxica de um grupo maior de decodificadores ruins. As medições baseadas no cérebro também não podem determinar uma amostra de indivíduos com dificuldades em leitura que provavelmente se beneficiariam de um determinado tipo de intervenção (Elliott & Grigorenko, 2014, pp. 88-122).

2.7 Identificação e avaliação

Onde houver preocupações acerca da leitura de um aluno, educadores, psicólogos escolares/educacionais e fonoaudiólogos/terapeutas podem revisar uma série de evidências. Identificar e avaliar dificuldades com a leitura pode incluir

- desenvolver um perfil dos erros do aluno, como omitir palavras ou confundir uma letra com outra;
- reunir de diferentes fontes um relato de como o aluno lê, por exemplo, se ele hesita com as palavras; e
- estabelecer se o aluno prefere ler em silêncio ou em voz alta e se uma preferência leva a uma melhor compreensão de leitura do que a outra.

2.7.1 Habilidades de leitura

Avaliações comerciais de "dislexia" e sub-habilidades de leitura estão disponíveis, padronizadas para o país em questão. Amostragem de habilidades que se relacionam com a leitura e com deficiências nela, incluem avaliações de habilidades fonológicas e nomeação rápida de estímulos visuais.

O "Indicadores dinâmicos de habilidades básicas de alfabetização precoce" (*Indicators of Basic Early Literacy Skills* – DIBELS 8) (University of Oregon, 2020) adota uma abordagem baseada em currículo para avaliar a leitura, compreendendo uma série de avaliações padronizadas para alunos do jardim de infância até a sexta série. O DIBELS 8 possui seis subtestes destinados a avaliar habilidades componentes de leitura. São eles: fluência de nomeação de letras (LNF – *letter naming fluency*), fluência de segmentação fonêmica (PSF – *phonemic segmentation fluency*), fluência de palavras sem sentido (NWF – *nonsense word fluency*), fluência de leitura de palavras (WRF – *word reading fluency*), fluência de leitura oral (ORF – *oral reading fluency*) e o denominado "Maze".

As avaliações de leitura e palavras podem fazer parte de um conjunto mais amplo de avaliações. O *Woodcock Johnson IV Test of Achievement* é um conjunto abrangente de testes que exploram os pontos fortes e fracos em linguagem cognitiva, oral e habilidades acadêmicas. Inclui uma medida padronizada de conhecimento de palavras visuais (*sight words*) (Woodcock et al., 2014).

2.7.2 Compreensão de leitura

A compreensão de leitura não é avaliada apenas com um procedimento. Em vez disso, várias abordagens são geralmente usadas, adaptadas a circunstâncias específicas. As avaliações incluem testes padronizados em uma população mais ampla, inventários de leitura informais (IRIs – *Informal Reading Inventories*), entrevistas com o aluno, questionários e observações. Os alunos podem ser solicitados a recontar o que foi lido ou encorajados a falar sobre o que estão pensando enquanto leem (Klingner et al., 2015, p. 42). Tomadas em conjunto, várias dessas avaliações mostram pontos fortes e fracos na compreensão da leitura. O uso de uma variedade de testes cuidadosamente escolhidos pode revelar diferentes percepções sobre os problemas do aluno.

O "Teste de Leitura Oral de Grey" (*Grey Oral Reading Test* – GORT-5) (Widerholt & Bryant, 2012) abrange uma ampla faixa etária de 6 a 23 anos e 11 meses. Administrado individualmente por um professor especialista, leva cerca de 20 a 30 minutos para ser concluído. O teste usa 16 passagens de leitura que são colocadas em uma sequência de desenvolvimento. Cada passagem é seguida por cinco questões de compreensão de múltipla escolha.

O *Woodcock Reading Mastery Test* (Woodcock, 2011) é usado para idades que variam de 4 anos e 6 meses a 79 anos e 11 meses. Leva entre 15 e 45 minutos para ser administrado individualmente. O teste avalia a prontidão para a leitura e o desempenho nela. Seus subtestes dizem respeito à consciência fonológica, compreensão auditiva, identificação de letras, identificação de palavras, nomeação automática rápida, frequência de leitura oral, ataque de palavras, compreensão de palavras e compreensão de passagens.

2.8 Instrumentos de suporte

As abordagens para a deficiência de leitura tendem a não tentar melhorar isoladamente os déficits e as habilidades subjacentes às dificuldades (Friedmann et al., 2010). Em vez disso, abordam habilidades e conhecimentos de leitura diretamente, não ignorando as habilidades subjacentes, mas esperando que essas habilidades melhorem no contexto de uma aprendizagem mais prática e direta da leitura. Assim, as intervenções tendem a se concentrar nas ações de

- aprendizagem fonética;
- fluência de leitura; e
- compreensão de leitura.

2.9 Aprendizagem fonética

Estratégias para melhorar a aprendizagem fonética incluem

- ensino fonético explícito;
- abordagens para generalizar a habilidade fonológica para a leitura; e
- abordagens de grupo que apoiam a consciência e compreensão fonética.

2.9.1 Instrução fonética explícita e sistemática

2.9.1.1 Fonéticas explícita e implícita

A instrução fonética *explícita* e sistemática começa com fonética e se desenvolve em palavras. Por outro lado, a instrução fonética *implícita* começa com palavras e seu contexto e volta para a fonética, conforme necessário.

Descobriu-se que a instrução fonética explícita e sistemática é eficaz em ajudar pessoas jovens e idosas com deficiências na leitura a aprender a decodificar palavras de maneira eficaz (Roberts et al., 2008). Consulte também https://www.readinghorizons.com/reading-strategies/teaching/phonics-instruction/what-is-systematic-and-explicit-phonics-instruction.

2.9.1.2 O Phono-graphix® Reading Intervention and Instruction Programme

No código fonêmico do inglês escrito, cada som em uma palavra falada é representado por alguma parte da versão escrita. O Phono-graphix® Reading Intervention and Instruction Programme (The Phono-graphix® Reading Company, 2020) centraliza essas implicações do código fonético. Ele ensina as habilidades fonológicas de combinação, segmentação e manipulação de fonemas, que são necessários para usar um código fonêmico. O Phono-graphix® ensina correspondências em relações som-símbolo de forma sistemática e explícita.

2.9.2 Generalizando as habilidades fonológicas para a leitura

Uma abordagem destinada a generalizar as habilidades dos alunos para a leitura é o PHAST Track Reading Programme. PHAST [PHonological And Strategy Training] significa Treinamento Fonológico e Estratégico. Com o objetivo de estimular as habilidades de leitura, compreensão, ortografia e escrita, ele se baseia em dois componentes.

O primeiro, Análise Fonológica e Combinação/Instrução Direta (Phonological Analysis and Blending/Direct Instruction), treina o aluno em estratégias de combinação de som e decodificação fonológica da esquerda para a direita. O segundo componente, o Programa de Estratégia de Identificação de Palavras (Word Identification Strategy Program), ajuda a desenvolver estratégias metacognitivas de identificação de palavras (por exemplo, identificar palavras por analogia ou procurar por partes familiares da palavra).

Uma sequência de estratégias é utilizada em conjunto com o treino fonológico inicial. Uma delas é a rima, apresentando até 120 palavras-chave que possibilitam a leitura de outras palavras (como "ato" possibilita a leitura de "mato", "rato", e assim por diante). Uma outra estratégia, denominada "Game Plan", permite ao aluno aplicar todas as outras estratégias.

Desenvolvido para crianças com deficiência na leitura, o PHAST Track Reading Programme permite o ensino individual ou em grupo. Projetado como um plano de aula de 70 horas, as sessões duram 1 hora, 4 a 5 dias por semana, durante 14 a 18 semanas consecutivas. Uma adaptação, o PHAST PACES, foi desenvolvida para leitores do ensino médio e jovens adultos. Acesse http://dyslexia-ca.org/pdf/files/lovetmar07/lovett2.pdf para uma visão geral.

2.9.3 Abordagens de grupo que apoiam a consciência e compreensão fonética

Qual é a configuração mais adequada para a instrução fonética sistemática e explícita e garantir que os alunos generalizem as habilidades fonéticas para uma leitura mais ampla? Inicialmente, pode exigir ensino individual ou em pequenos grupos. No entanto, atividades e abordagens de apoio podem ocorrer em grupos maiores.

Os elementos desse apoio são os princípios pedagógicos básicos. Incluem chamar atenção direta para os recursos da linguagem a fim de aumentar a conscientização e o reconhecimento, promover o interesse pela linguagem e como ela funciona, e estimular os alunos a praticar certos sons, palavras e expressões que podem achar difíceis. Incentivar a escuta cuidadosa também é importante. Juntamente com a fala, recursos como imagens ou objetos podem ser usados para auxiliar a memória, apresentando informações em vários modos sensoriais – auditivo, visual e tátil.

Educadores e fonoaudiólogos podem garantir que os alunos/clientes melhorem sua consciência de sons e sequências de sons que transmitem significado na fala. Os alunos podem praticar o uso e o reconhecimento de sons-chave que mudam o significado. Exemplos em inglês são "er" no fim de palavras como "fast", "soft" e "hard", que transmite um aumento na qualidade; no português, temos, por exemplo, o prefixo "des" em palavras como "desamor" e "descontinuar", que exprime oposição.

Da mesma forma, a prática de compreensão da fala pode ser usada para ajudar os alunos a perceber sons-chave que transmitem significado e sinalizam mudanças no significado. Os educadores podem ensinar os alunos a ouvir e reconhecer o som "s" no fim de uma palavra quando sinaliza um plural como em "gato" e "gatos". Os educadores podem ajudar na compreensão da fala de um aluno usando recursos visuais como uma imagem de um "gato" e vários "gatos" ao dizer as respectivas palavras. Da mesma forma, objetos como brinquedos ou itens do cotidiano também podem ser utilizados para complementar a fala e esclarecer o propósito da atividade.

Ao se introduzir um novo vocabulário, é possível incentivar os alunos a se interessarem por uma palavra ou frase. Professores e fonoaudiólogos podem instruir explicitamente e verificar a compreensão dos alunos sobre vários aspectos do vocabulário: significado da palavra, sua função gramatical e sua composição fonológica. Os aspectos fonológicos incluiriam perguntas tais como: "Como os sons da palavra se dividem?"; "Como os sons da palavra se misturam?"; e "Quais são as sílabas da palavra?"

Em uma escola, melhorar a consciência e a compreensão da fonética pode ser planejado em todo o currículo. Tal cuidado ajuda a garantir que todos os professores, não apenas os especialistas em alfabetização, reconheçam a importância do apoio à leitura e à compreensão. Isso pode aprimorar o ensino de disciplinas e melhorar a leitura porque todos os membros da equipe contribuem.

2.10 Fluência de leitura

Entre as abordagens para melhorar a fluência de leitura estão

- estratégias gerais para fluência de leitura;
- programas de leitura estruturados que são vinculados de forma flexível a programas de fluência de leitura; e
- recuperação, automaticidade, elaboração de vocabulário, envolvimento com a linguagem, ortografia (RAVE-O).

2.10.1 Estratégias gerais para fluência de leitura

Abordagens gerais para melhorar a fluência de leitura usam princípios pedagógicos amplos. Isso inclui repetição e prática, desenvolvimento de familiaridade com o material a ser lido, construção de confiança por meio do cultivo do sucesso, uso de uma rica variedade de materiais atraentes que despertem o interesse dos leitores e criação de um ambiente encorajador.

Antes de ler uma passagem, algumas palavras-chave selecionadas do texto podem ser examinadas em preparação. Elas podem ser lidas, usadas em uma frase, faladas em voz alta, brevemente discutidas e, dessa forma, tornarem-se familiares. Trabalhar em duplas usando *flashcards* pode adicionar interesse a esta atividade. Com esse preparo, a leitura da passagem logo em seguida fica mais fácil. O material de leitura deve ser escolhido de modo que não exija muitas palavras-chave preliminares. Caso contrário, é mais difícil para o leitor lembrar as palavras e perde-se o objetivo.

Quando os alunos se sentirem ansiosos com a leitura, o professor tem o recurso de começar a conversar com eles sobre uma imagem que acompanha o texto. Isso pode levar a uma discussão sobre o que provavelmente será a passagem e fornecer algumas das palavras-chave que surgirão. Se isso for feito regularmente, a ansiedade de pensar que uma sessão de leitura será sempre como mergulhar direto em um texto desafiador é reduzida, possibilitando maior progresso. De forma mais ampla, é importante que o ambiente seja descontraído, mas motivado. Os erros devem ser vistos não como falhas, mas como a oportunidade de tentar novamente e acertar.

Os alunos podem ler o mesmo material várias vezes. Se isso não for exagerado a ponto de deixar a tarefa entediante, possibilita tornar a leitura de uma passagem específica mais fácil para que o aluno ganhe confiança. O leitor começa a reconhecer o ritmo e a cadência que são perdidos se a leitura for ansiosamente forçada.

Materiais que são interessantes e estimulantes para os leitores aumentam a motivação. Descobrir que tipo de material envolve o leitor pode fornecer dicas. Passagens curtas podem ser usadas inicialmente. Uma quintilha humorística ou outro poema curto, páginas de um livro rico em ilustrações, quadrinhos com balões de fala e legendas, trechos de uma história familiar e passagens de informações em computadores são apenas alguns exemplos.

Os alunos devem ser encorajados a ler em um ritmo administrável no qual possam entender o que estão lendo, o que pode ser lento no início. Ao mesmo tempo, devem ser orientados a manter o ritmo constante. À medida que a fluência de leitura melhora, o ritmo aumenta.

Como educador, você pode verificar se, ao usar o texto do computador, o leitor está adotando um estilo e tamanho de fonte e espaçamento de texto que auxiliem na fluência da leitura. Isso é particularmente importante quando um leitor tem dificuldades com o processamento visual, mas também pode ajudar outros leitores a escolher uma fonte e espaçamento com os quais se sintam mais confiantes, desde que isso auxilie a leitura, incluindo a fluência. Consulte também os artigos no site Read and Spell sobre estratégias de fluência em https://www.readandspell.com/fluency-strategiesfor-struggling-readers.

2.10.2 Programas de leitura estruturada combinados com programas de fluência de leitura

Se aprender a ler com precisão e ser capaz de ler fluentemente são importantes, intervenções combinadas fazem sentido. Assim, programas de leitura estruturada têm sido usados com abordagens para melhorar a fluência de leitura.

Uma intervenção ministrou a grupos de dois ou três alunos da segunda série (de 7 a 8 anos) sessões diárias de 45 minutos por seis meses. Desenvolveram-se instruções usando o *Responsive Reading Instruction Programme* [Programa de Instrução de Leitura Responsiva] (Denton & Hocker, 2006) e outras intervenções de fluência adequadas, conforme apropriado. Elas foram aplicadas de forma flexível dentro de uma estrutura de componentes de aula de acordo com as necessidades individuais dos alunos. Os pesquisadores compararam um grupo que passou pela intervenção com um grupo que recebeu instrução escolar típica. Na identificação de palavras, decodificação fonêmica, fluência na leitura de palavras e compreensão de frases e parágrafos, o grupo de intervenção teve um progresso significativamente melhor. No entanto, os dois grupos foram semelhantes na leitura de pseudopalavras, fluência na leitura de texto e compreensão de passagens extensas (Denton et al., 2013).

Essa pesquisa sugere que combinar abordagens pode levar a benefícios, mas nem todos os aspectos da leitura são igualmente aprimorados. Isso destaca a importância de haver vínculos flexíveis entre as estratégias para que a abordagem geral possa ser ajustada para melhorar os aspectos da leitura em que o progresso foi mais fraco.

2.10.3 Recuperação, automaticidade, elaboração de vocabulário, envolvimento com a linguagem, ortografia (RAVE-O)

O RAVE-O é um programa para desenvolver a fluência de leitura, ajudando os alunos a alcançar a automaticidade no conhecimento das palavras. Ele é projetado para certos leitores da segunda série (de 7 a 8 anos) até a quinta série (de 10 a 11 anos). Eles estarão lendo abaixo do nível da série e/ou terão dificuldades com fluência ou "velocidade de nomeação". O RAVE-O também pode beneficiar alunos de língua inglesa. Para alcançar a fluência, os alunos devem ser capazes de recuperar automaticamente os padrões de letras e seus sons relacionados. É importante ressaltar que eles devem ser capazes também de acessar automaticamente os significados das palavras, raízes e afixos e o papel das palavras nas frases.

Em pequenos grupos, os alunos leem o texto para formar novos conhecimentos e ideias e para melhorar o desempenho na leitura. O RAVE-O conecta fonética, ortografia, vocabulário, gramática e morfologia, para ajudar na fluência e compreensão da leitura. As sessões desenvolvem habilidades nos sons que formam a estrutura das palavras, no reconhecimento de padrões de letras comuns e no desenvolvimento do conhecimento do vocabulário. Os alunos praticam partes da leitura em voz alta e discutem as raízes e sufixos das palavras. Eventualmente, essas habilidades são ligadas à leitura de passagens do texto. Wolf et al. (2009) e https://www.voyagersopris.com/literacy/rave-o/overview fornecem uma visão geral do RAVE-O e evidências relacionadas.

2.11 Compreensão de leitura

Ao examinar a compreensão de leitura, observamos questões gerais, instrução de vocabulário e abordagens de vários componentes.

2.11.1 Questões gerais sobre compreensão de leitura

O sucesso na compreensão de leitura pressupõe que os alunos tenham uma boa base de habilidades, conhecimento e compreensão no aprendizado fonético e na fluência. Portanto, se houver problemas com a compreensão de leitura, é importante certificar-se de que os quesitos anteriores foram solidamente reforçados.

Mesmo quando um aluno tem base em fonética e fluência, o material de leitura deve ser oferecido no nível certo para permitir a compreensão. Se o material de leitura for muito difícil, o leitor dará atenção à fonética e à fluência, de modo que a compreensão provavelmente será prejudicada. O professor pode diminuir temporariamente o desafio de leitura do texto que está sendo usado para possibilitar o desenvolvimento da compreensão. Material de leitura com o qual o aluno está familiarizado pode ser usado, permitindo que a atenção seja focada na compreensão. Uma alternativa para um material de leitura mais fácil ou familiar é um conteúdo que possa ser lido como preparação para os desafios de um texto de maior complexidade. Isso permite que o leitor se familiarize com o teor antes de abordar o texto mais difícil.

Ler em voz alta e ler em duplas ou em pequenos grupos pode ajudar na compreensão. Se outra pessoa estiver lendo, um determinado aluno pode acompanhar o texto, focando na compreensão. Quando o próprio aluno está lendo em voz alta, ele também está se ouvindo ler, acrescentando uma dimensão auditiva para ajudar na compreensão. Por outro lado, um indivíduo pode ficar ansioso ao ler em voz alta na frente de outras pessoas e ter a compreensão prejudicada.

Discutir o que está sendo lido ajuda na compreensão de histórias e artigos factuais. Antes da leitura, os alunos podem ser encorajados a pensar sobre o título de um texto, perguntar sobre o que ele trata e julgar quais aspectos são especialmente interessantes. Ao ler, não há problema se o aluno fizer uma pausa de vez em quando para discutir o conteúdo e o que deve vir a seguir. Uma vez concluído o material, pode-se pedir ao leitor que fale sobre o texto, parafraseie-o e expresse sua opinião sobre ele.

2.11.2 Instrução de vocabulário

A instrução de vocabulário, na medida em que melhora a compreensão do significado das palavras, contribui para a compreensão da leitura. O vocabulário pode ser ensinado com algumas palavras de cada vez para que novos conceitos sejam introduzidos de forma gerenciável e relacionados a conceitos familiares (Joseph, 2008, p. 1172).

O significado da palavra pode ser ensinado diretamente introduzindo-a, fornecendo uma definição, dando exemplos de seu uso e incentivando os alunos a aplicarem a palavra no contexto. Os alunos podem fazer uma teia ou "mapa" visual para mostrar conexões entre o significado de uma palavra-alvo e palavras relacionadas. Isso pode estimular o aluno a fazer associações mentais. Às vezes, o significado de uma palavra pode ser lembrado ao vinculá-la a uma imagem vívida ou cômica que sugere o que ela transmite.

2.11.3 Abordagens multicomponentes

Já abordamos as estratégias gerais que auxiliam na compreensão antes, durante e depois da leitura. As abordagens multicomponentes desenvolvem isso de maneira mais estruturada, ajudando os alunos a usarem estratégias de compreensão enquanto aprendem o conteúdo do texto. Três exemplos são: ensino recíproco, instrução de estratégia transacional e leitura estratégica colaborativa. Cada um usa a discussão com colegas para ajudar os leitores a compreenderem e usarem estratégias de leitura independentes.

O ensino recíproco envolve previsão, resumo do material, geração de perguntas e esclarecimentos. Estes recursos guiam discussões em grupo sobre o material que foi lido. Como educador, você inicialmente modela como aplicar as estratégias de compreensão. Em seguida, recorre a dicas, perguntas e lembretes para oferecer suporte aos alunos no uso das próprias estratégias enquanto estão lendo e discutindo o texto. Gradualmente, à medida que os alunos se tornam mais competentes, o apoio é reduzido. Previsão, resumo do material, geração de perguntas e esclarecimento são utilizados de forma colaborativa e em diálogo para tornar o texto significativo e ajudar os alunos a absorver as estratégias (consulte Klingner et al., 2015, pp. 173-179, para um resumo).

Na instrução de estratégias transacionais, os educadores explicam e enfatizam as abordagens usadas pelos alunos com boas estratégias. Gradualmente, os educadores dão aos alunos a responsabilidade pelo processamento estratégico, incentivando a colaboração e alimentando discussões interpretativas. Os professores descrevem os processos internos e externos que usam durante a leitura (prever, visualizar, inferir, resumir, monitorar para compreender e ativar o conhecimento existente). Para encorajar os alunos a transferir estratégias, os professores indicam quando e onde podem ser usadas, dando dicas e sugestões para que eventualmente os alunos apliquem as estratégias por sua própria iniciativa (Brown, 2008).

A leitura estratégica colaborativa ensina os alunos a usarem estratégias de compreensão enquanto trabalham de forma colaborativa em pequenos grupos de duplas no texto expositivo. Os professores primeiro apresentam as estratégias ao grupo de alunos usando modelação, dramatização e expressando seus próprios pensamentos enquanto leem ou fazem uma atividade relacionada. À medida que os alunos começam a absorver as estratégias, o professor os organiza em grupos mistos de aprendizagem cooperativa. Cada membro do grupo desempenha um papel específico ao implementar as estratégias com os outros, por exemplo, como líder, ou ajudando o grupo a descobrir o significado de palavras difíceis (Klingner et al., 2015, pp. 184-192, fornecem um resumo).

2.12 Currículo e avaliação, pedagogia, recursos, terapia e organização

Tendo examinado uma série de intervenções, abordagens, estratégias e programas, agora é possível reunir questões relacionadas às amplas áreas de aprendizagem e desenvolvimento. São elas: currículo e avaliação, pedagogia, recursos, terapia e organização.

2.12.1 Currículo e avaliação

Quando os alunos têm deficiência na leitura e são ensinados em uma escola, o currículo pode enfatizar a linguagem e a leitura, proporcionando mais tempo para elas com o suporte necessário. Dentro de outras áreas curriculares, como ciências ou história, o elemento de leitura será um importante foco de apoio.

Pequenos passos de avaliação podem ser usados com linguagem e leitura para garantir que o progresso do aluno seja reconhecido. Dentro do currículo mais amplo, pode haver programas que encorajem habilidades e compreensão fonética, fluência e compreensão de leitura como os descritos anteriormente. Estes geralmente combinam conteúdo curricular, abordagens de pedagogia e recursos específicos.

2.12.2 Pedagogia

A tutoria individual especializada pode ser necessária para acelerar o progresso dos alunos com deficiência de leitura. Ao ensinar informações estruturadas, como fonética, a pedagogia deve ser sistemática e explícita. O ensino multissensorial pode ajudar o aluno a se lembrar de novos materiais. Os educadores modelam estratégias e abordagens, garantindo que os alunos as adotem gradualmente para que o apoio possa ser reduzido aos poucos. A discussão em duplas e em pequenos grupos é usada, por exemplo, com compreensão de leitura. Incentivo e um espírito de apoio são promovidos para reduzir qualquer ansiedade sentida pelos alunos.

2.12.3 Recursos

Algumas avaliações envolvem testes desenvolvidos comercialmente. Existem também no mercado programas para algumas intervenções baseadas em fonética. *Softwares* de computador que oferecem suporte à leitura também podem ser usados. Materiais como aulas impressas e atividades de computador associadas a programas podem ser empregados. Fotografias e objetos são usados para estimular o interesse e auxiliar a memória, por exemplo, em aspectos do ensino de fonética.

2.12.4 Terapia

Um fonoaudiólogo pode trabalhar diretamente com alunos individuais ou pequenos grupos. Ele pode assumir um papel de consultoria, apoiando professores e pais, por exemplo, para ajudar com as dificuldades fonológicas dos alunos.

2.12.5 Organização

Oferecer suporte aos alunos com deficiência na leitura provavelmente envolve trabalho em pequenos grupos. Alguns exigirão sessões individuais intensivas com um tutor especializado ou fonoaudiólogo. Esse trabalho individual pode ocorrer em uma sala de recursos ou sala de tutoria. Quando o trabalho individual é necessário em uma escola, isso não deve impedir o aluno de experimentar um currículo rico e relevante. Escolas e clínicas podem oferecer oficinas de treinamento para pais que querem aprender sobre suas abordagens e que desejem dar continuidade a elas em casa.

2.13 Conclusão

A leitura envolve habilidades de leitura de palavras, fluência e entendimento/compreensão. Orientações amplamente utilizadas identificam deficiência na leitura como um "transtorno específico de aprendizagem" que pode envolver combinações de deficiência na leitura, expressão escrita ou matemática. Onde o termo "dislexia" é usado, a orientação sugere que dificuldades adicionais, como compreensão de leitura ou raciocínio matemático, devem ser especificadas. As estimativas da prevalência de deficiência na leitura e dislexia variam amplamente. Os fatores causais cognitivos incluem processamento/déficit fonológico, processamento auditivo e visual, nomeação rápida, memória de trabalho e de curto prazo, e atenção. Há uma compreensão limitada do papel dos fatores genéticos no desenvolvimento da leitura. Identificar e avaliar o comprometimento da leitura inclui o uso de testes comerciais.

Os instrumentos de suporte para deficiência de leitura envolvem aprendizagem fonética, fluência e compreensão de leitura. A aprendizagem fonética diz respeito à instrução fonética explícita, generalizar habilidades fonológicas para leitura e abordagens gerais de grupo que apoiam a consciência e compreensão fonética. Os instrumentos de suporte para auxiliar na fluência de leitura incluem estratégias gerais, abordagens estruturadas de leitura vinculadas a programas de fluência de leitura e o RAVE-O (recuperação, automaticidade, elaboração de vocabulário, envolvimento com a linguagem, ortografia). Entre as intervenções de compreensão de leitura estão estratégias gerais, instrução de vocabulário e abordagens multicomponentes. Todos esses aspectos dos instrumentos de suporte estão relacionados ao currículo e avaliação, pedagogia, recursos, terapia e organização.

2.14 Pontos para reflexão

Que justificativas existem, respectivamente, para usar abordagens diretas para aprimorar a leitura e para lidar com aparentes déficits de habilidades subjacentes?

Em um ambiente de grupo maior, como estratégias eficazes para melhorar a fluência e a compreensão da leitura podem ser incentivadas?

2.15 Texto essencial

Brooks, G. (2016). *What works for children and young people with literacy difficulties?* (5. ed.).

Este livro descreve uma ampla gama de intervenções acompanhadas de avaliações de sua eficácia.

2.16 Referências

American Academy of Pediatrics (2009). Learning disabilities, dyslexia and vision. *Pediatrics, 124*, 837-844.

American Psychiatric Association (2013). *Diagnostic and statistical manual of mental disorders fifth edition (DSM-5)*. APA.

Bosse, M. L., Tainturier, M. J., & Valdois, S. (2007). Developmental dyslexia: The visual attention span deficit hypothesis. *Cognition, 104*, 198-230.

Brooks, G. (2016). *What works for children and young people with literacy difficulties? The effectiveness of intervention schemes* (5. ed.). http://www.interventionsforliteracy.org.uk/wp-content/uploads/2017/11/What-Works-5th-edition-Rev-Oct-2016.pdf

Brown, R. (2008, abr.). The road not yet taken: A transactional strategies approach to reading comprehension. *The Reading Teacher, 61*(7), 538-547. http://www.jstor.org/stable/20204627

Castro, S. M., Salgado, C. A., Andrade, F. P., Ciasca, S. M., & Carvalho, K. M. (2008, novembro-dezembro). Visual control in children with developmental dyslexia. *Arquivos Brasileiros de Oftalmologia, 71*(6), 837-840.

Catts, H. W., & Adlof, S. (2011). Phonological and other language deficits associated with dyslexia. In S. A. Brady, D. Braze, & C. A. Fowler (Eds.), *Explaining Individual Differences in Reading: Theory and Evidence* (pp. 137-151). Psychology Press.

Denton, C. A., & Hocker, J. L. (2006). *Responsive reading instruction: Flexible intervention for struggling readers in the early grades.* Sopris West.

Denton, C. A., Tollar, T. D., Fletcher, J. M., Barth, A. E., Vaughn, S., & Francis, D. J. (2013). Effects of tier 3 intervention for students with persistent reading difficulties and characteristics of inadequate responders. *Journal of Educational Psychology, 105*(3), 633-648.

Dyslexia Foundation of New Zealand (2008). *Dealing with dyslexia: The way forward for new zealand educators.* Dyslexia Foundation of New Zealand.

Elliott, J. G., & Grigorenko, E. L. (2014). *The dyslexia debate.* Cambridge University Press.

Friedmann, N., Kerbel, N., & Shvimer, L. (2010). Developmental attentional dyslexia. *Cortex, 46*, 1216-1237.

Gathercole, S. E., & Alloway, T. P. (2008). *Working Memory and Learning: A Practical Guide*. Sage.

Joseph, L. M. (2008). Best practices on interventions for students with reading problems. In A. Thomas, & J. Grimes (Eds.), *Best Practices in School Psychology V: Volume 4* (pp. 1163-1180). National Association of School Psychologists.

Klingner, J., Vaughn, S., & Boardman A. (2015). *Teaching reading comprehension to students with learning difficulties* (2. ed.). Guilford Press.

Lalier, M., Donnadieu, S., Berger, C., & Valdois, S. (2010). A case study of developmental phonological dyslexia: Is the attentional deficit in the perception of rapid stimuli sequences amodal? *Cortex, 46*, 231-241.

McArthur, G. M. (2009). Auditory processing disorders: Can they be treated? *Current Opinion in Neurology, 22*, 137-143.

Mather, N., & Wending, B. J. (2012). *Essentials of dyslexia assessment and intervention Hoboken*. Wiley.

Melby-Lervåg, M., Lyster, S., & Hulme, C. (2012). Phonological skills and their role in learning to read: A meta-analytic review. *Psychological Bulletin, 138*, 322-352.

National Early Literacy Panel (2008). *Developing early literacy: Report of the National Early Literacy Panel*. National Institute for Early Literacy.

Norton, E. S., & Wolf, M. (2012). Rapid automatized reading (RAN) and reading fluency: Implications for understanding and treatment of reading disabilities. *Annual Review of Psychology, 63*, 427-452.

Olson, R. K. (2011). Genetic and environmental influences on phonological abilities and reading achievement. In S. A. Brady, D. Baze, & C. A. Fowler (Eds.), *Explaining individual differences in reading: Theory and evidence* (pp. 197-216). Psychology Press.

The Phono-graphix® Reading Company (2020). *The Phono-graphix® Reading Intervention and Instruction Programme.* https://phono-graphix.com/

Pullen, P. C., & Cash, D. B. (2011). Reading. In J. M. Kauffman, & D. P. Hallahan (Eds.), *Handbook of Special Education*. Routledge.

Roberts, G., Torgsen, J. K., Boardman, A., & Scammacca, N. (2008). Evidence-based strategies for reading instruction of older students with learning disabilities. *Learning Disabilities Research and Practice, 23*, 63-69.

Schneps, M. H., Thompson, J. M., Sonnert, G., Pomplun, M., Chen, C., & Heffner-Wong, A. (2013). Shorter lines facilitate reading in those who struggle. *PLoS ONE, 8*(8), Article e71161. https://dash.harvard.edu/bitstream/handle/1/11855772/3734020.pdf?sequence=1

Shaywitz, S. E. (2005). *Overcoming dyslexia*. Alfred Knopf.

Shrank, F. A., Mather, N., & Woodcock, R. W. (2004). *Woodcock Johnson III Diagnostic Reading Battery*. The Riverside Publishing Company.

Snowling, M. J., & Hulme, C. (2011). Evidence based interventions for reading and language difficulties: Creating a virtuous circle. *British Journal of Educational Psychology, 81*, 1-23.

Stein, J. (2008). The neurological basis of dyslexia. In H. Reid, A. Fawcett, F. Manet, & L. Siegel (Eds.), *The Sage Handbook of Dyslexia* (pp. 53-76). Sage.

Tunmer, W. (2011). Foreword. In S. A. Brady, D. Braze, & C. A Fowler (Eds.), *Explaining Individual Differences in Reading: Theory and Evidence* (pp. ix-xiii). Psychology Press.

University of Oregon (2020). *Dynamic Indicators of Basic Early Literacy Skills (DIBELS®): Administration and Scoring Guide*. (8. ed.). University of Oregon. https://dibels.uoregon.edu/docs/materials/d8/dibels_8_admin_and_scoring_guide_05_2020.pdf

Widerholt, J. L., & Bryant, R. R. (2012). *Gray Oral Reading Tests – Fifth Edition (GORT-5)*. PRO-ED. https://www.pearsonclinical.co.uk/Education/Assessments/LiteracyAssessments/GORT-5/Gray-Oral-Reading-Tests-Fifth-Edition.aspx

Wolf, M., Barzillai, M., Gottwald, S., Miller, L., Spencer, K., Norton, E., Lovett, M., & Morris, R. (2009). The RAVE-O intervention: Connecting neuroscience to the classroom. *Mind, Brain and Education, 3*(2), 84-93.

Woodcock, R. W. (2011). *The Woodcock Reading Mastery Test* (3. ed.). American Guidance Service. https://www.pearsonclinical.co.uk/Education/Assessments/LiteracyAssessments/wrmt-iii/woodcock-reading-mastery-tests-third-edition.aspx

Woodcock, R. W., Schrank, F. A., McGrew, K. S., & Mather, N. (2014). *Woodcock-Johnson IV*. Riverside Publishing Company. https://info.riversideinsights.com/wj-iv

Wright, C. M., & Conlon, E. G. (2009). Auditory and visual processing in children with dyslexia. *Developmental Neuropsychology, 34*, 330-355.

3
Deficiência na expressão escrita

3.1 Introdução

Assim como a leitura é uma habilidade crucial na sociedade contemporânea, a escrita é importante para o sucesso nos estudos, no trabalho e na vida cotidiana. Antes de examinar o transtorno da expressão escrita, descrevo os componentes da própria escrita. São eles: ortografia, gramática e pontuação/maiusculização e composição escrita. O transtorno da expressão escrita é então definido em termos de precisão ortográfica, correção gramatical e pontuação e clareza/organização.

Forneço estimativas da prevalência do transtorno. Fatores causais são examinados em relação a problemas de ortografia e dificuldades com precisão de pontuação e maiusculização, gramática e expressão escrita. As avaliações são discutidas em relação à precisão ortográfica, gramática e pontuação, e redação.

Os instrumentos de suporte para ortografia envolvem aspectos multissensoriais, Directed Spelling Thinking Activity (DSTA) e palavras-alvo. Para a gramática, discuto a instrução direta, a modelação e o uso da própria escrita do aluno. Abordagens de pontuação e maiusculização são examinadas. As instruções são sistemáticas, baseadas em avaliações, ajustadas de acordo com as necessidades individuais, e combinam a instrução explícita com oportunidades para aplicar as habilidades e conhecimentos necessários. Descrevo instrumentos de suporte para a composição da escrita, ou seja, desenvolvimento de estratégias de autorregulação, redução das demandas das tarefas, uso de estruturas de apoio à redação, redação com um propósito, ensino de leitura e escrita ao mesmo tempo e aprendizagem auxiliada por computador.

Por fim, as implicações para o currículo e avaliação, pedagogia, recursos, terapia e organização são delineadas.

3.2 Componentes da escrita

A linguagem escrita compreende vários componentes:

- caligrafia;
- vocabulário;
- ortografia;
- uso; e
- composição escrita/estrutura do texto.

A caligrafia envolve habilidades motoras finas, memória de letras e a capacidade de formá-las. Se um teclado de computador for usado em vez da escrita à mão, são necessárias habilidades motoras finas para usar as teclas e a memória das letras para reconhecê-las, embora não seja preciso formar letras à mão. A caligrafia é discutida no contexto do transtorno do desenvolvimento da coordenação no Capítulo 5.

Vocabulário envolve conhecimento de palavras, recuperação de palavras e morfologia. Morfologia diz respeito ao estudo da forma de palavras e frases. Mais especificamente, à compreensão da formação de palavras na linguagem como flexão (por exemplo, uma mudança no tempo verbal), derivação e composição.

A ortografia é um ato complexo. Implica, além da morfologia já mencionada, semântica (o significado das palavras), ortografia (o sistema de escrita) e fonologia (os sons da linguagem).

"Uso" abrange pontuação, maiusculização e gramática. Nesse contexto, a gramática costuma ser subdividida em sintaxe e morfologia. Sintaxe refere-se a como as palavras e outros elementos linguísticos são combinados em constituintes, como sentenças ou frases. Como já mencionado, morfologia envolve a compreensão da formação de palavras na linguagem, como flexão, derivação e composição.

A composição escrita, também chamada de estrutura de texto, compreende a coesão e a coerência da escrita, da narrativa e do texto expositivo (Mather et al., 2009, pp. 8-30 e Figura 2.2).

Quando há deficiência da expressão escrita, ela se manifesta em seus aspectos essenciais, a saber, ortografia, uso (gramática e pontuação/maiusculização) e composição.

3.3 Definição de deficiência na expressão escrita

No *Manual Diagnóstico e Estatístico de Transtornos Mentais* (*DSM-5*) (APA, 2013, pp. 66-74), há uma descrição das características essenciais de "deficiência na expressão escrita". Tal deficiência é apresentada no contexto de transtorno específico de aprendizagem que pode envolver combinações de deficiência na leitura, expressão escrita ou matemática.

Em seu sentido mais amplo, o transtorno específico de aprendizagem diz respeito a "dificuldades para aprender e usar habilidades acadêmicas". Na definição, especifica-se que, apesar de intervenções direcionadas terem sido usadas para lidar com essas dificuldades, elas persistiram. O transtorno específico de aprendizagem começa durante os anos de idade escolar e suas indicações não são melhor explicadas por outras condições ou fatores, como deficiência intelectual ou "instrução educacional inadequada".

As sub-habilidades do transtorno da expressão escrita definidas nos critérios diagnósticos envolvem ortografia, gramática e pontuação, e composição escrita. Elas são

- precisão ortográfica;
- precisão gramatical e de pontuação; e
- clareza ou organização da expressão escrita (APA, 2013, p. 67).

Em consonância com as orientações do *DSM-5* (APA, 2013), Berninger (2009) discute o transtorno de aprendizagem relacionado à escrita. Ela cita os processos de memória para significado de palavras e memória de trabalho. Também são mencionados problemas com ortografia, estruturas gramaticais, consciência morfológica, organização de informações e concentração do pensamento na escrita (Berninger, 2009).

3.4 Prevalência

Quando a pesquisa é realizada para tentar estabelecer a prevalência da deficiência na expressão escrita, muitas vezes ela não separa esta da deficiência em leitura ou matemática, tornando a prevalência difícil de determinar.

Um estudo no Brasil investigou a prevalência de dificuldades de aprendizagem específicas do *DSM-5* (APA, 2013, pp. 66-74) em amostras de estudantes da segunda à sexta série, oriundos de cidades medianas em quatro regiões geográficas. As taxas de prevalência de DAEs para escrita foram de 5,4% (Fortes et al., 2016).

3.5 Fatores causais e fatores associados relacionados à deficiência na expressão escrita

Apontar uma causa direta de deficiência na expressão escrita é difícil e é mais correto falar de características que podem contribuir, ou seja, "fatores causais". Além disso, embora alguns fatores estejam "associados" à deficiência na expressão escrita, a natureza da relação não é clara. Tendo isso em mente, relacionados ao transtorno da expressão escrita estão

- precisão ortográfica;
- precisão gramatical e de pontuação; e
- clareza ou organização da escrita.

3.5.1 Ortografia

Como a escrita correta requer conhecimento de fonologia, ortografia, morfologia e semântica, deficiência nestas noções a afetam. Por exemplo, para alguns alunos, a dificuldade em lembrar padrões ortográficos pode prejudicar a ortografia que envolve padrões irregulares (Mather et al., 2009, p. 111).

3.5.2 Gramática e pontuação

Para alguns alunos, as dificuldades com precisão de pontuação e maiusculização podem refletir problemas em reconhecer e aprender as regras necessárias e aplicá-las à sua própria escrita (Mather et al., 2009, p. 141).

Problemas com a gramática escrita podem surgir da falta de disponibilidade de exemplos de formas gramaticais aceitas para ver e ler. Sem oportunidade ou incentivo para tentar escrever textos simples, passando para textos mais longos, o aluno pode enfrentar dificuldades. Com orientação, tais atividades possibilitam o desenvolvimento da gramática (Mather et al., 2009, p. 143).

3.5.3 Composição de escrita

Dada a complexidade da expressão escrita, é provável que muitas áreas do cérebro estejam envolvidas. Déficits executivos e déficits de memória de trabalho, que têm sido associados à carência de coerência nas sentenças e coesão lexical, podem ser particularmente importantes. No entanto, quaisquer implicações educacionais dos achados de imagens cerebrais não são claras (Pugh et al., 2006).

Os alunos que apresentam dificuldades com a escrita podem ter problemas associados. Alguns deles estão relacionados a atenção, autorregulação e memória, incluindo memória de trabalho e habilidades de linguagem e leitura. Tais alunos tendem a ser mais fracos em seu conhecimento dos gêneros, dispositivos e convenções da escrita. Não é de admirar talvez que também tendam a ser menos motivados. Entre as influências mais sociais e contextuais associadas a habilidades de escrita deficitárias estão a pobreza familiar e a pouca instrução. (cf. tb. Graham & Harris, 2011, pp. 424-426.).

3.6 Identificação e avaliação

Identificar e avaliar se aplicam às principais áreas de precisão ortográfica, tanto à gramática quanto à pontuação e à redação.

3.6.1 *Avaliação da precisão ortográfica*

Os problemas de ortografia se manifestam de várias maneiras comuns. A confusão sobre palavras que terminam em "er", "or" e "ar" pode resultar em grafias como "douter" ou "doutar" em vez de "doutor". Sons como "s" e "z" não raramente causam problemas. A ortografia pode ser inadequadamente fonética ("muinto" em vez de "muito"). O meio ou o fim de uma palavra às vezes deixa de ser registrado. Acontece de algumas palavras serem escritas de maneiras diferentes em momentos diferentes ("ezecução", "esecussão" e "ezecussão", em vez de "execução"). Letras ou sílabas são por vezes escritas na ordem errada. Em resposta, o avaliador (psicólogo, professor especialista, professor regular) pode construir um perfil dos tipos de erros que o aluno comete em relação às características listadas anteriormente.

Avaliações informais de ortografia podem ser feitas usando gráficos fonéticos de letras e combinações comumente usadas. Um exemplo é um "gráfico de verificação" (Mather et al., 2009, p. 223, Figura 8.5). Ele cobre

- consoantes;
- dígrafos iniciais (como "ch" em "chute");
- combinações de consoantes iniciais ("bl", como em "bloco", e "cl" como em "clube");
- no inglês, combinações de dígrafos iniciais ("sch" como em "school"); combinações consonantais finais ("lt" como em "melt"); dígrafos e trígrafos finais ("ct" como em "fact" e "tch" como em "match"); e combinações de dígrafos finais ("nth" como em "seventh").

Também são usadas avaliações de ortografia padronizadas disponíveis comercialmente, que podem fazer parte de testes mais amplos, incluindo leitura e escrita. Um exemplo é o Wide Range Achievement Test (WRAT5) (Robertson & Wilkinson, 2017). Abrange a faixa etária de 5 anos a adultos e leva cerca de 15 a 25 minutos para ser aplicado em alunos de 5 a 7 anos e cerca de 35 a 45 minutos para idades de 8 anos ou mais. Além de subtestes para leitura de palavras, compreensão de frases e cálculo matemático, a avaliação tem um teste de ortografia que mede a capacidade de escrever letras e palavras ditadas sem limite de tempo.

3.6.2 Avaliação de gramática e pontuação

Os testes cloze podem ajudar a revelar progressos e dificuldades com a gramática. Considere que um aluno é informado de que um menino esteve no supermercado no dia anterior. Em seguida, aplicando o procedimento cloze, pedem-lhe para completar a frase "Ontem, Tom ... ao supermercado". Concluir a tarefa corretamente mostra a compreensão do tempo verbal passado. Essas avaliações podem ser acompanhadas de fotos ou demonstrações para deixar claro o que está sendo solicitado. Dessa forma, as avaliações do procedimento cloze podem estabelecer a compreensão do aluno sobre as partes da fala e como elas são usadas.

Numa avaliação baseada no currículo, o professor pode usar o critério de "sequências de escrita corretas" abrangendo precisão ortográfica, gramática, pontuação e maiusculização. A avaliação começa no início de uma amostra de escrita e examina cada par sucessivo de unidades de escrita. Uma unidade de escrita neste contexto é uma palavra ou um sinal de pontuação "essencial". O avaliado recebe pontos por uma unidade que esteja escrita corretamente, é gramaticalmente correta e faz sentido dentro do contexto da frase. Letras maiúsculas também devem ser usadas de forma apropriada. (Mather et al., 2009, pp. 234-238, fornecem uma descrição completa do sistema de pontuação.)

3.6.3 Avaliação da redação

Entre as avaliações da escrita estão as escalas analíticas e as escalas de traços primários. As escalas analíticas fornecem pontuações sobre aspectos da escrita e podem ser interpretadas para informar a instrução. Os aspectos incluem ideias, organização, estrutura de frases e vocabulário. As escalas de traços primários fornecem pontuações com base no objetivo principal da tarefa de escrita que está sendo avaliada. Em um texto do tipo "a favor e contra", a qualidade do argumento pode ser julgada. Em uma história, o desenvolvimento do enredo pode ser avaliado.

O *Writing and Reading Assessment Profile* [Perfil de Avaliação de Escrita e Leitura] (WRAP) é um perfil informal que inclui a avaliação da escrita. Ele permite que os educadores coletem informações sobre o desenvolvimento da alfabetização e os comportamentos dos alunos. Essas informações são usadas para analisar e interpretar amostras de leitura e escrita, selecionar recursos de alfabetização adequados e apoiar habilidades e estratégias que melhoram a alfabetização.

3.7 Instrumentos de suporte para ortografia

3.7.1 *Questões gerais – enfatizar grupos ortográficos ou usar contexto motivacional*

Ao ensinar e apoiar a ortografia com crianças em geral, as abordagens podem enfatizar a instrução direta explícita ou usar o contexto em que a palavra surge. A instrução direta permite que as semelhanças nas grafias sejam destacadas para auxiliar a memória. Por exemplo, grupos de palavras podem ser ensinados com grafias semelhantes, como "ão" em cão, mão, não, pão, vão e assim por diante.

Depois de lembrar a parte "ão" da grafia, você pode produzir algumas, às vezes várias, palavras corretamente. Isso dá uma sensação de conquista e aumenta a confiança, bens preciosos para alunos com dificuldades. Do lado negativo, o exercício repetitivo pode ser chato e desmotivador.

Uma abordagem contextual ensina a ortografia de uma palavra quando ela é necessária, e o aluno é motivado a lembrá-la porque deseja usá-la. Por outro lado, o contexto não dá a oportunidade de evoluir de uma palavra necessária para grupos de palavras que possuem a mesma sequência ortográfica. Dado que existem pontos fracos e fortes em qualquer uma das abordagens, na prática, elas são frequentemente usadas juntas ou em momentos diferentes, de acordo com as necessidades percebidas no aluno.

Tudo isso se aplica aos alunos em geral. No entanto, indivíduos com deficiência na expressão escrita tendem a aprender melhor com prática intensiva para ajudá-los a lembrar a ortografia com segurança. Se as estratégias forem muito voltadas para o aprendizado a partir do contexto, essa prática é reduzida, dificultando a ortografia.

Baseando-se no conhecimento fonético, um aluno pode desenvolver uma compreensão de grafias fonologicamente reconhecíveis e fazer tentativas plausíveis como "rosa" para "roça". Eventualmente, no entanto, o aluno terá que passar disso para ser capaz de verificar se uma palavra parece correta (verificação visual) com base no conhecimento de como outras palavras são escritas. Um aluno com deficiência na expressão escrita provavelmente precisará de muito apoio nesta fase.

3.7.2 Abordagens multissensoriais

Vários recursos multissensoriais são usados para ensinar a ortografia. Eles podem abranger fala, audição, visão e movimento, de modo que as abordagens envolvem memória motora da fala, cinestésica, visual e auditiva. Fundamentando-as, encontra-se o amplo princípio pedagógico de que a memória e a recordação são melhoradas se o aluno puder recorrer a várias fontes de memória ligadas entre si. Associado a isso, o educador utiliza materiais e exemplos que interessem e motivem o aluno e lhe sejam familiares.

O ensino dos primeiros sons das letras pode ser vinculado ao que os alunos sabem, ilustrando os sons com imagens ou objetos. Estes são ensinados foneticamente como o som que a letra faz, em vez da pronúncia do nome da letra. Por exemplo, "o" pronunciado como em "bola" não como em "bolo". Se o aluno for interessado por animais ou tiver um bichinho de estimação, o som "g" pode ser associado a "gato" e talvez a uma foto de seu próprio gato. Da mesma forma, com "c" e "cachorro". Outros temas que atraem o aluno podem ser usados neste trabalho inicial para criar confiança e competência. Exemplos são sons de letras ilustrados por itens esportivos, e objetos e imagens vinculados aos hobbies do aluno. Quando as ligações forem feitas com o som da letra e o item ou imagem, o aluno visualizará gradualmente a ajuda ao ver a letra e recordará o seu som de acordo.

Desenvolvendo a partir do aprendizado dos sons das letras, o professor pode dar aos alunos cartões com letras escritas que serão dispostos diante deles. O professor então fala sobre o som da letra e sua forma, levando à construção básica de palavras. Usando as primeiras letras que foram introduzidas, o professor ajuda o aluno a formar palavras como "mato", "rato", "gato" e assim por diante.

Para ajudar na recordação visual, os educadores podem mostrar aos alunos uma palavra escrita e pedir-lhes que olhem com atenção e se lembrem o máximo possível. Em seguida, a palavra é removida de vista e perguntas imediatas são feitas, tais como: "Quantas letras havia na palavra?", "Qual era a primeira letra?", "Qual era a última letra?" ou "Havia letra repetida?"

A recordação auditiva de palavras também é algo a ser encorajado. Rimas, poemas e canções ajudam a destacar os sons das palavras. Alunos mais jovens podem bater palmas a cada sílaba. Os alunos podem agrupar palavras de acordo com seu som, como "cão", "mão", "pão". Existe a possibilidade de o aluno com dificuldades auditivas não ouvir as semelhanças de palavras ensinadas em grupos para auxiliar na ortografia (flor, dor), então, o professor deve garantir que ele perceba a rima comum, "or".

O aluno pode desenhar letras com os dedos em uma bandeja de areia para enfatizar sua forma e sequência. Progredindo para traçar letras menores, ele passa a escrever letras no papel. O aluno pode dizer e pronunciar palavras foneticamente regulares para assimilá-las, usando a memória motora da fala ao articular a palavra e a memória auditiva ao ouvir os sons.

O uso da sequência "olhar-dizer-traçar-cobrir-escrever-verificar" pode incluir a observação da forma geral da palavra, bem como de letras individuais. Isso traz a percepção de que as palavras podem não ser foneticamente regulares adivinhadas pelo conhecimento de seus sons. Na "ortografia oral simultânea", o aluno diz as letras enquanto as escreve, ajudando a vincular a memória cinestésica e a memória auditiva (ver também Pollock et al., 2004).

3.7.3 *Directed Spelling Thinking Activity*

Com o Directed Spelling Thinking Activity (DSTA) (por exemplo, AdLit.org, 2008), grupos de alunos são ajudados a contrastar, comparar e categorizar duas ou mais palavras de acordo com semelhanças e diferenças. Sensibilizar para padrões ortográficos e princípios "grafo-fonológicos" mais complexos é o objetivo desta atividade.

Considere que os alunos estão examinando palavras com o som de /ã/, como em "ramo", "romã" e "canto". O educador os encoraja a descobrir que o som de /ã/ pode ser feito pelas letras "am" não só em "ramo", mas também em "amplo". Pode ser feito com a letra "a" com til em "romã", mas também em "rã" e "pão". O som de /ã/ pode ser feito com "an" como em "canto" e em palavras como "cano" e "espanto". Os alunos classificam outras palavras semelhantes em grupos ou percebem que não seguem o princípio comum. Para consolidar a aprendizagem, eles podem examinar uma passagem na qual estão incluídos exemplos de palavras em conformidade com a regra.

3.7.4 Palavras-alvo para ortografia

Palavras-alvo são selecionadas para atenção especial a fim de melhorar a ortografia. De acordo com as recomendações para programas de ortografia, as palavras-alvo podem incluir palavras essenciais (*core words*) de alta frequência, palavras pessoais e padrões de palavras que ilustram algum princípio morfológico ou fonológico. As palavras pessoais preparadas com o aluno incluirão aquelas que ele usa com frequência em vários contextos e também podem ser palavras essenciais de alta frequência. Nas escolas, alunos mais velhos e professores das diferentes disciplinas contribuem colaborando para formar grupos de palavras frequentemente usadas em matérias como ciências, história ou geografia.

Quando um aluno escreve palavras incorretas em sessões de escrita livre, apenas algumas devem ser selecionadas para correção. Isso evita sobrecarregar o aluno com muitas palavras para aprender de uma só vez, o que provavelmente será ineficaz e minará a confiança vital. Também é sensato selecionar palavras mais usadas para correção porque elas terão o maior impacto na ortografia correta no futuro. Embora um certo trabalho para corrigir a ortografia seja necessário, a repetição da forma correta não precisa ser um exercício tedioso, ele pode se tornar interessante. Atividades diárias curtas com verificações semanais de progresso são mais estimulantes do que exercícios longos. Jogos, quebra-cabeças e atividades de computador com foco nas palavras importantes podem ser motivadores e úteis. Listas personalizadas também podem ser confeccionadas. Técnicas mnemônicas e associações de palavras são mais uma opção para ajudar os alunos a lembrar a ortografia das palavras-alvo. Incentivo, construção de confiança e reconhecimento rápido do sucesso são temas importantes desse trabalho.

Os recursos para melhorar e consolidar a precisão da ortografia incluem software de computador que permite ao usuário decidir como as palavras são agrupadas e adicionar palavras escolhidas. Outro *software* emprega uma abordagem de "olhar, cobrir, escrever e verificar" para aprender ortografia. As palavras estão separadas em "famílias" ou grupos de assuntos.

Entre os pacotes comerciais de ortografia disponíveis nos Estados Unidos encontra-se, por exemplo, o *Spellography* (Sopris West, www.sopriswest.com). Ele ensina raízes de palavras e habilidades multissilábicas usando vários jogos e atividades. O *SpellWell* (Education Publishing Services, www.epsbooks.com), destinado a alunos da segunda à quinta séries (7/8 a 10/11 anos de idade), ensina habilidades cumulativamente. Cada livro inclui palavras adequadas à série que seguem um padrão ou regra de ortografia específica.

3.8 Instrumentos de suporte para gramática e pontuação

Os princípios discutidos a seguir para gramática e pontuação constituem uma boa prática para todos os alunos. Para aqueles com transtorno de expressão escrita, a aprendizagem pode levar mais tempo e exigir mais prática, aplicação e suporte.

3.8.1 Gramática

Os alunos que têm dificuldade com a gramática tendem a não aprender suas estruturas por meio de uma espécie de absorção nem adquirir as habilidades e conhecimentos necessários a partir da leitura. Em vez disso, assimilam melhor com instruções explícitas.

Um educador pode ensinar diretamente padrões de frases simples e, à medida que o aluno progride, essas estruturas simples podem ser elaboradas. A maioria das regras é ensinada usando a própria escrita do aluno. Depois de modelar as formas aceitáveis de gramática escrita, o professor pode orientar e elogiar as tentativas do aluno de fazer o mesmo. Um exemplo buscará mostrar como os aspectos da gramática podem ser transmitidos usando ensino/modelação direta, prática verbal, prática escrita, trabalho em grupo e individual, e abrangendo a própria escrita do aluno.

Considere que um professor está tratando da combinação de frases. É mostrado ao aluno como combinar duas ou mais frases curtas em outra mais longa, usando instrução direta e modelação. O educador pode então fornecer três ou mais frases e solicitar a um grupo de alunos que sugira como duas ou mais podem ser combinadas, escrevendo versões aceitáveis em um quadro. Após essa prática verbal, ele pede aos alunos para que escrevam vários exemplos de frases combinadas. Em seguida, trabalhando individualmente com eles, o professor usa frases simples de seu trabalho para discutir como as frases podem ter sido combinadas de maneira eficaz, talvez usando conjunções como "e", "mas" e "porém".

Outro exemplo é ensinar o uso de adjetivos para enriquecer a escrita, que começa com o professor sugerindo vários substantivos e dando exemplos de como cada um pode ser descrito por adjetivos. Extraindo dos alunos sua própria palavra descritiva, o professor discute como algumas das sugestões são mais fortes ou mais apropriadas do que outras. Ele então fornece uma amostra de frases curtas nas quais um adjetivo fraco é usado e pede exemplos melhores. (Em vez de um bolo "bom", experimente um bolo "saboroso".) Isso pode ser feito verbalmente no início e depois complementado pelo professor por meio de exemplos escritos. Várias frases curtas com adjetivos fracos podem ser fornecidas e os alunos são solicitados a melhorá-las, ou podem ser usadas frases com espaços em branco onde um adjetivo pode ser inserido. Em seguida, trabalhando individualmente com os alunos e utilizando frases simples de seus trabalhos, o professor discute como adjetivos, ou melhores adjetivos, podem ser usados.

Ao verificar e editar seu trabalho escrito em um computador, os alunos podem usar um *software* de verificação gramatical. A indicação de palavras com base gramatical em tal *software* também contribui para que os alunos ampliem seu repertório. Os professores podem apoiar os alunos que têm dificuldades com a gramática, discutindo o que é necessário e verificando sua compreensão.

Recursos comercialmente disponíveis para gramática incluem livros e materiais relacionados. Um exemplo é o *Noun Hounds and Other Great Grammar Games* (Egan, 2001), que se destina à faixa da terceira à sexta série (de 8/9 a 11/12 anos).

3.8.2 Pontuação

As abordagens para o ensino de pontuação e maiusculização são sistemáticas, baseadas em avaliações e ajustadas de acordo com as necessidades de cada indivíduo. Combinando instrução explícita com oportunidades para o aluno aplicar o novo aprendizado, as estratégias são cuidadosamente estruturadas.

Para melhorar a pontuação de um aluno, os professores precisam ensinar regras de pontuação e reforçá-las no contexto de sua escrita. Isso utiliza o princípio da instrução explícita e aplicação do que foi aprendido em um contexto de escrita. Os alunos devem entender a regra e serem capazes de aplicá-la em suas próprias atividades de escrita. Os sinais de pontuação mais comuns são introduzidos primeiro.

Assim, uma sequência justificável para a instrução seria a seguinte:

- ponto/ponto-final;
- ponto de interrogação;
- vírgula;
- ponto de exclamação;
- apóstrofo;
- aspas;
- dois-pontos;
- ponto e vírgula;
- hífen; e
- parênteses.

É possível detalhar ainda mais a apresentação e o ensino de cada sinal de pontuação. Por exemplo, ensinar um ponto/ponto-final pode envolver uma sequência de uso de um ponto após

- uma sentença;

- uma frase imperativa;

- uma abreviação;

- números em uma lista;

- uma inicial; e

- letras ou números em um esquema (Mather et al., 2009, pp. 141-142).

Cada sinal de pontuação pode ser sistematicamente ensinado, um de cada vez, com base na instrução explícita, na prática guiada e na modelação. O professor explica quando e como o sinal de pontuação é usado. Os alunos ganham prática aplicando o sinal de pontuação em uma frase (ou às vezes em outro lugar, como em uma lista). Eles são então encorajados a usar o sinal de pontuação em sua própria escrita. Onde erros são cometidos, o professor revisa as regras para o uso do sinal de pontuação e pede ao aluno que revise seu trabalho para aquele sinal em particular (Mather et al., 2009, p. 142).

A maiusculização pode ser ensinada de maneira semelhante. Em primeiro lugar, a escrita do aluno é avaliada para estabelecer quais regras e exemplos eles precisam aprender, e a instrução é adaptada de acordo. Usando o princípio de ensinar primeiro os usos mais comuns, a instrução pode começar com

- nomes e sobrenomes de pessoas;
- a primeira palavra de uma frase;
- nomes próprios em geral;
- no inglês, a palavra "I" (eu) e os dias da semana e meses do ano.

Assim como no ensino de ortografia, podem ser incorporadas palavras nas quais o aluno tenha interesse para estimular maior motivação.

Procedimentos cloze podem ser usados. O aluno recebe uma passagem em que algumas letras foram omitidas. Ele deve inserir uma letra minúscula ou maiúscula, conforme necessário. O professor pode fornecer exemplos das duas letras "ausentes" que o aluno escolheu (Mather et al., 2009, pp. 142-143).

Os recursos usados para desenvolver pontuação correta incluem *software* de computador normalmente disponível, que oferece sugestões alternativas onde parece que a pontuação está incorreta ou quando torna a expressão pouco clara.

3.9 Instrumentos de suporte para redação

O trabalho e a escrita de alunos com transtorno de expressão escrita tendem a apresentar certas características. Eles podem planejar pouco antes de escrever e realizar mínimo monitoramento e avaliação de seu trabalho. As composições tendem a ser curtas, com poucos detalhes ou elaboração. Passando pouco tempo escrevendo redações, os alunos podem precisar de estímulo para melhorar. Dificuldades com a mecânica da escrita (ortografia, pontuação e formação das letras) reduzem ainda mais a produção de texto. As revisões dos alunos de seu próprio trabalho se concentram nos aspectos mecânicos e no esmero, em vez de nos aspectos composicionais da escrita. As intervenções levam isso em conta.

3.9.1 Desenvolvimento de estratégias de autorregulação

O "desenvolvimento de estratégias de autorregulação" ensina os alunos com dificuldades na escrita a usar os mesmos tipos de estratégias que aqueles mais competentes na escrita. Como um modelo de instrução de "estratégias cognitivas", ele visa melhorar o comportamento estratégico dos alunos, habilidades de autorregulação, conhecimento de conteúdo e motivação. A orientação a seguir se baseia na abordagem descrita na pesquisa que envolveu alunos com dificuldades para escrever, incluindo alunos com deficiências (Harris et al., 2006).

Fora da sala de aula regular, um assistente ensina a pequenos grupos estratégias de planejamento/escrita para texto argumentativo e para redação de histórias. Por exemplo, com o texto argumentativo, uma estratégia geral é introduzida envolvendo

- escolher um tema;
- organizar ideias antes de escrever; e
- escrever e desenvolver mais enquanto escreve (continuar planejando enquanto escreve).

Os alunos aprendem uma estratégia para organizar ideias:

• gerar ideias;

• selecioná-las; e

• organizá-las de acordo com os elementos básicos do texto argumentativo.

Analisando um trecho anterior de sua escrita, os alunos avaliam aspectos para estabelecer uma linha de base. Modelando como usar as estratégias "pensando em voz alta", o assistente permite que o aluno ouça e entenda. Antes de o aluno começar a redação do texto argumentativo, ele é lembrado de usar todos os elementos básicos. Quando a tarefa de escrita termina, eles discutem o que ajudou. O aluno desenvolve várias diretrizes para si mesmo a serem usadas enquanto escreve. O assistente e o aluno redigem juntos o texto seguinte, definindo objetivos, usando as diretrizes que o aluno desenvolveu para si mesmo e representando graficamente seu desempenho. Gradualmente, o assistente retira o apoio.

3.9.2 *Reduzindo as demandas das tarefas*

Reduzir as demandas das tarefas ajuda a aumentar a confiança dos alunos, proporcionando sucesso inicial. Na elaboração de histórias, o professor pode fornecer começos de uma série de frases com uma estrutura de apoio para escrita que pode ser adaptada aos interesses do aluno.

- Quando a noite caiu rapidamente, nós nos vimos na charneca, sem comida nem água e...
- A princípio, nós...
- Então, realizamos um balanço e percebemos...
- Então, fizemos uma...

Para ajudar a fluência do aluno na escrita de trabalhos mais longos e evitar a necessidade do uso de um dicionário, o professor pode fornecer palavras-chave que provavelmente surgirão ou que o aluno solicitar.

Reduzir as demandas das tarefas pode ajudar o aluno a tomar notas/transcrever o texto ditado, uma habilidade complexa que é desafiadora para qualquer pessoa. Quando os alunos têm dificuldade para se concentrar no que está sendo dito ao mesmo tempo em que mantêm a caligrafia legível, eles podem reduzir as demandas escrevendo apenas palavras-chave. Ao fim do ditado, o professor entrega ao aluno uma cópia de suas anotações para que ele prossiga destacando as palavras-chave identificadas. Isso constitui um auxílio na revisão e uma base para a leitura das anotações.

Reduzir as demandas das tarefas permite que o aluno se concentre e melhore em aspectos menores da tarefa geral. O educador fornece a estrutura para outros aspectos do trabalho, a fim de que o aluno produza um resultado bem-acabado. O apoio vai sendo retirado aos poucos para que o aluno possa realizar todo o processo sozinho.

3.9.3 *Estruturas de apoio à redação*

Estruturas de apoio à redação iniciam o aluno, dão direção a uma tarefa e aumentam a confiança. Os educadores incentivam a compreensão do aluno sobre os processos de desenvolvimento de ideias para escrever, compor e editar. Os processos são modelados, colocando questões que o aluno pode usar posteriormente para estruturar suas próprias tentativas. As perguntas para gerar ideias para uma história fictícia podem ser: "Quem está na história?", "Onde ela acontece?", "Qual é o evento principal?" ou "O que acontece primeiro, depois, no fim?"

Ao compor um texto de não ficção onde as ideias foram apenas esboçadas, o professor pode modelar a apresentação de tais ideias em uma ordem compreensível. As perguntas podem ser: "Quais são as ideias principais?", "Qual deve vir em primeiro lugar?" ou "O que deve vir por último?" Na composição, cada ideia principal pode ser abordada uma de cada vez e expandida em uma ou duas frases.

Na edição, o professor mostra ao aluno como verificar se a estrutura e a forma da redação são boas, se os parágrafos estão elaborados de maneira eficaz, se a gramática está clara e se a pontuação e a ortografia estão corretas.

3.9.4 *Redação com um propósito*

Escrever com um propósito ajuda na motivação e dá um incentivo para produzir um trabalho de boa qualidade. Pode envolver escrever uma carta de agradecimento a um visitante, contribuir para um boletim informativo, projetar um pôster e redigir seus dizeres, escrever para um amigo distante, formular um conjunto de instruções para um equipamento ou enviar e-mails. Outras finalidades incluem fazer listas de compras para projetos ou eventos, escrever para o jornal local, candidatar-se a um emprego, criar um livro de histórias para crianças pequenas, redigir cartas em nome de idosos e pessoas enfermas em uma casa de repouso local ou anotar os passos de uma receita culinária.

Além de ser motivacional, esse trabalho exige que os alunos considerem os requisitos de escrita para diferentes públicos, uma habilidade muito sutil. A princípio, pode ser mais fácil avaliar o público ao qual se destina o texto se for composto por pessoas que o aluno conhece.

3.9.5 *Ensinar leitura e escrita ao mesmo tempo*

Abordagens de desenvolvimento de estratégia autorregulada para leitura e escrita foram usadas em um estudo de Mason et al. (2006). Os educadores que adotam esse método agiriam da seguinte maneira. Os alunos aprendem uma estratégia de leitura (acrônimo PEA) envolvendo o seguinte:

- Pense, antes de ler sobre o propósito do autor, sobre o que você quer saber e o que quer aprender;

- Enquanto lê, pense na velocidade da leitura, na correlação de conhecimentos e em reler partes;

- Após a leitura, pense nas ideias principais, resumindo as informações e o que você aprendeu.

Os alunos devem ser capazes de usar a estratégia PEA de forma independente para produzir um esboço escrito e falar sobre os pontos principais do que leram. O educador então ensina a estratégia de escrita ajudando os alunos a aplicar as informações colhidas de sua leitura, com a técnica mnemônica (muito pouco inspirada) PLANS:

- Planeje metas;
- Liste maneiras de atingir as metas;
- Aí; tome
- Notas; e
- Sequencie-as.

Tudo isso divide a necessária tarefa de planejar o que escrever em subtarefas mais gerenciáveis, tornando mais fácil para os alunos usarem o que leram.

3.9.6 Recursos para composição de redação

Os pacotes de *software* são úteis em diferentes estágios da redação de um trabalho: planejamento, composição, revisão e correção, e publicação. Eles ajudam os usuários a desenvolver e organizar ideias, empregando diagramas, permitindo que elas sejam organizadas, o que ajuda a estruturar o texto. Os gabaritos podem ser utilizados para diversas áreas do conhecimento, como ciências e história. Alguns programas fornecem frases parciais ou completas para apoiar a escrita, permitindo a criação de exercícios personalizados com base no procedimento cloze.

O *software* permite que os usuários ouçam, por meio de fala sintética, as frases que vão construindo à medida que são digitadas. Isso pode tranquilizar os alunos de que o que eles estão escrevendo faz sentido e, quando não faz, permite que eles voltem e verifiquem a precisão. Após a conclusão da escrita, o texto pode ser destacado e uma ferramenta de "leitura em voz alta – fala" ser usada para o aluno ouvir uma voz sintética ler todo o texto.

O material disponível comercialmente inclui abordagens usando a estrutura do *Write Traits*® incorporando ideias, detalhes, organização, fluência de frases, voz e convenções. A Great Source (www.greatsource.com) fornece esses materiais e workshops. O *Language Circle/Project Read Writing Express Curriculum* (www.projectread.com) oferece uma abordagem multissensorial sistemática para o ensino de habilidades de escrita.

3.10 Currículo e avaliação, pedagogia, recursos, terapia e organização

3.10.1 *Currículo e avaliação*

No cenário de uma escola, centro de ensino ou instituição similar, a escrita é obviamente central para outras disciplinas e áreas de aprendizagem que provavelmente serão oferecidas, como inglês, história e ciências. O sucesso nessas disciplinas pode ser menor do que é típico da idade em que respostas escritas são exigidas. No equilíbrio das matérias que são ensinadas, a escrita pode ser enfatizada para encorajar e apoiar o progresso dos alunos nesse aspecto. O planejamento de todo o currículo ajudará a garantir que outras disciplinas e áreas de aprendizagem contribuam para oferecer suporte à leitura. Por exemplo, podem ser identificadas palavras-chave que serão explicadas e reforçadas em outras áreas curriculares. Pequenos passos de avaliação podem ser implementados para reconhecer o progresso na expressão escrita e áreas relacionadas de aprendizagem.

3.10.2 Pedagogia

Intervenções para melhorar a ortografia incluem abordagens multissensoriais, Directed Spelling Thinking Activity e foco em palavras-alvo. A gramática é aprimorada usando instrução/modelação direta, prática verbal, prática escrita, trabalho em grupo e individual, e abrangendo a própria escrita do aluno. A instrução de pontuação e maiusculização é sistemática, baseada em avaliações, moldada para necessidades individuais e combina instrução explícita com oportunidades de aplicação. A pedagogia para a composição da escrita envolve o desenvolvimento de estratégias de autorregulação, redução das demandas das tarefas, uso de estruturas de apoio à redação, redação com um propósito, ensino de leitura e escrita ao mesmo tempo.

3.10.3 Recursos

Para auxiliar na ortografia, há *softwares* de computador disponíveis, às vezes imitando estratégias geralmente aplicadas. São usados pacotes comerciais que podem ensinar habilidades de ortografia por meio de jogos e atividades. Também estão disponíveis recursos produzidos comercialmente para gramática, por exemplo, com foco no ensino de uma parte específica da linguagem. Em relação à pontuação, o *software* de computador normalmente possui recursos de correção de pontuação e pode oferecer sugestões. Na redação, os pacotes de *software* de computador ajudam os usuários a desenvolver e organizar ideias, empregando diagramas e modelos. Os recursos de fala sintética do computador permitem que um aluno ouça o seu texto tanto enquanto está sendo escrito quanto depois de redigi-lo. Os materiais comercializados podem usar abordagens sistemáticas e multissensoriais.

3.10.4 Terapia

Parece não haver nenhuma terapia distinta necessária para os aspectos do transtorno da expressão escrita discutidos no presente capítulo. Para os aspectos relativos à mecânica da expressão escrita, existem implicações terapêuticas para fisioterapia, que são discutidas no Capítulo 5.

3.10.5 Organização

O trabalho individual, em duplas e em pequenos grupos contribui para melhorar a expressão escrita. As configurações do grupo podem ser organizadas para incentivar os alunos a compartilhar sua escrita com outras pessoas. Por exemplo, a escrita pode ser editada e desenvolvida em duplas ou grupos.

3.11 Pontos para reflexão

Você pode querer considerar quando e como enfatizar (para determinados alunos) o aprendizado de habilidades essenciais, o que pode levar a um progresso observável, ou o aprendizado no contexto, que pode ser mais significativo.

3.12 Textos essenciais

Gunning, T. G. (2013). *Assessing and correcting reading and writing difficulties* (5. ed.). Allyn and Bacon.

Bem fundamentado em teoria e pesquisa, este livro prático para professores tem ideias e planos de aula para ajudar na alfabetização, incluindo estratégias para desenvolver habilidades de reconhecimento de palavras, vocabulário e compreensão.

Mather. N., Wendling, B. J., & Roberts, R. (2009). *Writing assessment and instruction for students with learning disabilities* (2. ed.). Jossey-Bass/John Wiley.

Este livro bem estruturado enfoca caligrafia, ortografia, uso, vocabulário e estrutura de texto por meio de exemplos extensos de escrita dos alunos. Alguns capítulos fornecem amostras de redação dos alunos e orientação sobre sua avaliação.

3.13 Conclusão

Os componentes da escrita incluem ortografia, gramática e pontuação/maiusculização e composição escrita. O transtorno da expressão escrita é definido em termos de precisão ortográfica, gramática e precisão de pontuação e clareza ou organização da expressão escrita.

Uma amostra do estudo realizado no Brasil com alunos da segunda à sexta série (de 7/8 a 11/12 anos), em cidades medianas de quatro regiões geográficas, encontrou prevalência de transtorno específico de aprendizagem para escrita de 5,4% (Fortes et al., 2016).

Quanto aos fatores causais, as dificuldades de conhecimento da fonologia, ortografia, morfologia e semântica dificultam a ortografia. Precisão de pontuação e uso de maiusculização deficientes podem refletir problemas para reconhecer e aprender as regras necessárias e aplicá-las à escrita. Problemas com a gramática escrita podem surgir da falta de oportunidade de desenvolver a alfabetização de forma mais geral. Com a expressão escrita, os possíveis fatores causais variam de déficits executivos e déficits de memória de trabalho à pobreza familiar e pouca instrução.

Identificação e avaliação devem ser aplicadas às principais áreas de precisão ortográfica, gramática e pontuação e redação. Exames informais, registros de padrões de erros, gráficos de verificação fônicos, testes produzidos comercialmente, escalas analíticas e de traços primários, procedimentos cloze e avaliações baseadas em currículo são usados de forma variada.

Os instrumentos de suporte para ortografia envolvem habilidades ou conteúdo, aspectos multissensoriais e Directed Spelling Thinking Activity e palavras-alvo. A gramática é transmitida usando ensino direto/modelação, prática verbal, prática escrita, trabalho em grupo e individual, e abrangendo a própria escrita do aluno. A instrução e o suporte para pontuação e maiusculização são sistemáticos, baseados em avaliações e moldados de acordo com os requisitos de cada aluno. Isso combina instrução explícita com oportunidades de aplicação. Os instrumentos de suporte para a composição da escrita incluem o desenvolvimento de estratégias de autorregulação, redução das demandas das tarefas, uso de estruturas de apoio à redação, redação com um propósito e ensino de leitura e escrita ao mesmo tempo. Currículo e avaliação, pedagogia, recursos e organização são embasados por todos esses aspectos dos instrumentos de suporte. Aspectos terapêuticos relativos à expressão escrita são discutidos no Capítulo 5, referente ao transtorno do desenvolvimento da coordenação.

3.14 Referências

AdLit.org (2008). *Directed reading thinking activity*. AdLit.org

American Psychiatric Association (2013). *Diagnostic and statistical manual of mental disorders fifth edition (DSM-5)*. APA.

Berninger, V. W. (2009). Assessing and intervening with children with written language disorders. In D. Miller (Ed.), *Best practices in school neuropsychology* (pp. 507-520). Wiley.

Education Publishing Services. *SpellWell*. www.epsbooks.com

Egan, L. H. (2001). *Noun hounds and other great grammar games*. Scholastic. www.scolastic.com

Fortes, I. S., Paula, C. S., Oliveira, M. C., Bordin, I. A., Mari, J. de J., & Rohde, L. A. (2016). A cross-sectional study to assess the prevalence of DSM-5 specific learning disorders in representative school samples from the second to sixth grade in Brazil. *European child and adolescent psychiatry, 25*, 195-207.

Graham, S., & Harris, K. R. (2011). Writing and students with disabilities. In J. M. Kauffman, & D. P. Hallahan (Eds.), *Handbook of special education*. Routledge.

Great Source. *Great source write Traits®*. www.greatsource.com

Harris, K. R., Graham, S., & Mason, L. (2006). Improving the writing, knowledge and motivation of struggling young writers: Effects of self-regulated strategy development with and without peer support. *American Educational Research Journal, 43*, 295-340.

Project Read. *Language circle/project read written expression curriculum*. www. projectread.com

Mason, L. H., Snyder, K. H., Sukhram, D. P., & Kedem, Y. (2006). TWA +PLANS strategies for expository reading and writing: Effects for nine fourth-grade students. *Exceptional Children, 73*, 69-89.

Mather, N., Wendling, B. J., & Roberts, R. (2009). *Writing assessment and instruction for students with learning disabilities* (2. ed.). Jossey-Bass/John Wiley.

Pollock, J., Waller, E., & Pollitt, R. (2004). *Day-to-Day dyslexia in the classroom* (2. ed.). Routledge Falmer.

Pugh, K., Frost, S., Sandak, R., Gillis, M., Moore, D., Jenner, A., & Menci, E. (2006). What does reading have to tell us about writing? Preliminary questions and methodological challenges in examining the neurobiological foundations of writing and writing disabilities. In C. McArthur, S. Graham, & J. Fitzgerald (Eds.), *Handbook of writing research* (pp. 433-448). Guilford.

Robertson, G. S., & Wilkinson, G. S. (2017). *Wide Range Achievement Test (WRAT5)* (5. ed.). Pearson.

Scholastic. *Noun hounds and other great grammar games.* www.scolastic.com

Schoolhouse Rock! *Grammar rock.* Obtido em www.school houserock.com

Sopris West. *Spellography.* www.sopriswest.com

4
Deficiência em matemática

4.1 Introdução

Depois de mencionar a natureza complexa da matemática, trato do "senso numérico" como base para a compreensão e habilidade matemática. Definições de deficiência em matemática, transtorno específico de habilidades aritméticas e discalculia são examinados. Indico a prevalência de deficiência em matemática e sua coocorrência com outros transtornos. Possíveis fatores causais fisiológicos e emocionais relacionados à deficiência em matemática são investigados. Examino identificação e avaliação por meio de testes disponíveis comercialmente, identificação precoce a partir da observação de dificuldades aparentes e avaliação baseada na resposta de um indivíduo à intervenção.

No que diz respeito a instrumentos de suporte, o capítulo discute o currículo e a respectiva avaliação. Exemplos de pedagogia são examinados: instrução explícita e prática do senso numérico, o progresso da experiência concreta para representações simbólicas e fatos numéricos básicos, desenvolvimento da compreensão da linguagem matemática, aprendizado de experiências cotidianas de matemática, uso do computador para aprendizagem de matemática e redução da ansiedade em relação a ela.

Quanto aos recursos, considero materiais concretos como escalas Cuisenaire e blocos, equipamentos adaptados e *softwares* de computador. Com relação à terapia, o aconselhamento para ansiedade severa em relação à matemática é analisado. A organização do grupo é examinada, incluindo oportunidades para os alunos responderem e falarem sobre seus pensamentos, e discussões em pequenos grupos e em duplas.

4.2 A importância da matemática e sua aprendizagem

A matemática, como a alfabetização, permeia a sociedade moderna, sendo a compreensão de pelo menos aritmética básica um requisito da vida cotidiana. Lidar com contas domésticas, transações bancárias, compras (on-line ou em lojas físicas) e refeições fora de casa estão entre os muitos exemplos. Também nas ocupações existem vários graus de exigência de compreensão da matemática. Assim como empregos em que um alto grau de compreensão matemática é essencial, como engenharia ou computação, muitas outras profissões, desde construção e carpintaria até comércio e trabalho em transporte público, exigem boas habilidades matemáticas.

É provável que os alunos estejam cientes da importância da matemática. Mas é uma verdadeira habilidade educacional transmitir quão maravilhosa e emocionante ela é. Ainda mais difícil é a tarefa de encorajar e desenvolver as habilidades e a confiança dos alunos que não gostam de matemática e que se sentem ansiosos até mesmo em abordá-la.

4.3 A natureza da matemática

Incontáveis livros foram escritos sobre o que é matemática, variando de análises filosóficas a guias práticos. Mas, para os propósitos atuais, a matemática pode ser resumidamente definida como sendo uma área abstrata de conhecimento sobre número, quantidade e espaço. A matemática pura lida com isso como conceitos abstratos. A matemática aplicada está mais voltada para o emprego desta ciência em outras disciplinas e áreas, como física e engenharia. Os campos aceitos da matemática são aritmética, álgebra, geometria e análise, e muitas outras subdivisões também são usadas.

4.3.1 Uma base para a compreensão e habilidade em matemática

Ao entender e desenvolver habilidades em matemática, uma base importante é o senso numérico. Como veremos em breve, problemas com o senso numérico são uma característica da deficiência em matemática.

O senso numérico envolve

- "conceito de número, combinação de números – fatos aritméticos, computação e valor posicional";
- "formas de representar e estabelecer relações entre os números";
- "visualizar a magnitude relativa de conjuntos;
- "estimar resultados numéricos e dominar fatos aritméticos" e usá-los com proficiência;
- "usar relações numéricas de forma flexível"; e
- "dar sentido à informação numérica" em diferentes contextos (Sharma, 2015, p. 277).

Um aspecto do senso numérico que se desenvolve cedo é a subitização. Se forem mostrados dois grupos de itens, o indivíduo pode ver imediatamente quando um grupo é significativamente maior do que outro sem a necessidade de contar. Também pode perceber o valor numérico de pequenos grupos de itens instantaneamente. À medida que o senso numérico se desenvolve, torna-se possível representar e usar um número de várias maneiras influenciadas pelo contexto e propósito. O aluno deve ser capaz de decompor e recompor números com fluência e facilidade (dividi-los em suas partes e juntá-los novamente, como por exemplo, 9 sendo igual a 5 mais 4, e 5 mais 4 sendo igual a 9) (Sharma, 2015, p. 277).

A proficiência no senso numérico ajuda no desenvolvimento da numeracia – a capacidade de realizar operações com números inteiros de forma correta, consistente, fluente e com compreensão. A matemática também envolve a capacidade de estimar e calcular com precisão e eficiência. Um aluno deve ser capaz de fazer isso mentalmente e "no papel" usando várias estratégias e meios de cálculo (Sharma, 2015, p. 277).

4.4 Definições relativas à deficiência em matemática

Definições relevantes se referem à deficiência em matemática, transtorno específico de habilidades aritméticas e discalculia.

4.4.1 Deficiência em matemática

Uma dificuldade em compreender e aprender matemática, deficiência em matemática não está associada à deficiência intelectual geral. A capacidade mental inferior à típica não explica o transtorno e a capacidade geral pode, por exemplo, estar dentro da faixa típica, enquanto a matemática está abaixo.

No *Manual Diagnóstico e Estatístico de Transtornos Mentais* (*DSM-5*) (APA, 2013, pp. 66-74), a deficiência é uma forma de transtorno específico de aprendizagem que pode envolver combinações de deficiência na leitura, expressão escrita ou matemática. De um modo geral, um transtorno específico de aprendizagem diz respeito a "dificuldades de aprendizagem e uso de habilidades acadêmicas". Intervenções direcionadas foram empregadas para corrigir essas dificuldades, mas elas persistiram. O transtorno específico de aprendizagem se manifesta durante os anos de idade escolar e suas indicações não são melhor explicadas por outras condições ou fatores, como deficiência intelectual ou "instrução educacional inadequada".

A deficiência em matemática diz respeito a duas grandes dificuldades. A primeira envolve senso numérico, memorização de fatos aritméticos e cálculo preciso e fluente. Um indivíduo tem "uma compreensão pobre de números, sua magnitude e relações; conta com os dedos para somar números de um dígito em vez de relembrar os fatos matemáticos como fazem os colegas; perde-se no meio da computação aritmética e pode mudar de procedimento" (APA, 2013, p. 67). A segunda área de dificuldade diz respeito ao raciocínio matemático preciso, envolvendo graves dificuldades em "aplicar conceitos, fatos ou procedimentos matemáticos para resolver problemas quantitativos" (APA, 2013, pp. 66-74).

4.4.2 Transtorno específico de habilidades aritméticas

Da mesma forma, o transtorno específico de habilidades aritméticas é descrito como "uma deficiência específica". Assim como a deficiência em matemática, esse transtorno não é explicável devido apenas ao comprometimento cognitivo geral (ou escolaridade inadequada). Diz respeito ao "domínio de habilidades computacionais básicas de adição, subtração, multiplicação e divisão, em vez das habilidades mais abstratas envolvidas em álgebra, trigonometria, geometria ou cálculo" (World Health Organization, 2010).

4.4.3 Discalculia

Na Inglaterra, a "discalculia", assim como a dislexia e a dispraxia, é vista como uma "dificuldade de aprendizagem específica" (Department for Education/Department of Health, 2014). Discalculia refere-se a certos déficits centrais, incluindo, de maneira importante, "senso numérico ruim que afeta o domínio das quatro operações básicas – adição, subtração, multiplicação e divisão" e sua aplicação para resolver problemas matemáticos com palavras (Emerson, 2015, p. 221).

É feita uma distinção entre as discalculias do desenvolvimento "primária" e "secundária". Apresentando-se de diferentes formas em diferentes pessoas, a primeira decorre de déficits individuais – comportamentais, cognitivos, neuropsicológicos e neuronais com impacto na numeracia. A discalculia do desenvolvimento "secundária" se refere a disfunções numéricas/aritméticas causadas por deficiências não relacionadas especificamente com a matemática, por exemplo, transtornos de atenção que se esperariam serem prejudicais ao desempenho de forma mais geral (Kaufmann et al., 2013).

4.5 Deficiência em matemática: prevalência e coocorrência com outros transtornos

4.5.1 Prevalência

Vários fatores tornam difícil especificar a prevalência de deficiência em matemática. Dado que as definições de matemática e aritmética são complexas e suscitam debates, é difícil identificar deficiências em matemática. Da mesma forma, o limite de gravidade no qual as dificuldades matemáticas se tornam uma deficiência não é universalmente aceito. Para aumentar a confusão, há uma sobreposição entre aspectos de transtornos específicos de aprendizagem (leitura, escrita, matemática).

Tudo isso leva a estimativas bastante amplas de prevalência de transtornos específicos de aprendizagem "nos domínios acadêmicos de leitura, escrita e matemática" de 5 a 15% conforme proposto pelo *DSM-5* (APA, 2013, p. 70). As estimativas da prevalência de "discalculia" são de 6,5% ou mais (Butterworth, 2010). A prevalência de "discalculia do desenvolvimento" é "cerca de 5 a 7%" (Zhou & Cheng, 2015, p. 78).

4.6 Coocorrência de deficiência em matemática com outros transtornos

A forma como os transtornos específicos de aprendizagem são compreendidos sugere uma provável sobreposição nas diferentes expressões das dificuldades na leitura, escrita e matemática, bem como na coordenação. Outras dificuldades ou transtornos também ocorrem junto com o comprometimento em matemática.

Não é de admirar que indivíduos com déficits em aritmética também costumam ter transtorno de leitura (Landerl & Moll, 2010). Déficits na memória de trabalho visuoespacial ocorrem juntamente com dificuldades aritméticas (Schuchardt et al., 2008). Déficits de atenção ocorrem concomitantemente com problemas em matemática (Czamara et al., 2013).

Como sua presença pode ter implicações nos instrumentos de suporte, é importante estar atento à possibilidade de coocorrência de transtornos ou dificuldades. Um indivíduo que tem discalculia sem outros transtornos pode ser capaz de usar mecanismos compensatórios ao lidar com a aritmética. No entanto, se os alunos tiverem outros transtornos ou dificuldades concomitantes, os mecanismos de compensação podem não ser tão fáceis, sugerindo que diferentes abordagens talvez sejam necessárias para que o aprendizado seja eficaz (Landerl, 2015, p. 121).

4.7 Fatores causais

Embora possa soar pedante e até mesmo vaga, a expressão "fatores causais" (em vez de apenas "causas") transmite a noção de que não existem causas diretas e inequívocas conhecidas de transtorno matemático. Em vez disso, há uma série de fatores que podem, combinados, levar à maior probabilidade de um indivíduo sofrer de tal deficiência.

A discalculia do desenvolvimento pode ser causada por diferenças no funcionamento e/ou estrutura em áreas do cérebro associadas à matemática. Mas surgem discordâncias sobre a existência de tais correlatos neurais (Bugden & Ansari, 2015) e, se existem, se eles explicam o transtorno (Cowan, 2015, p. 1028).

Foram realizados estudos de processamento de magnitude numérica e de aritmética. Uma razão pela qual estes estudos são importantes é porque algumas pesquisas sugerem que as diferenças individuais no desempenho em matemática estão relacionadas a habilidades básicas de processamento de números, como a capacidade de processar magnitudes numéricas (Orrantia et al., 2018).

Por exemplo, estudos de neuroimagem de crianças com discalculia do desenvolvimento examinaram o córtex parietal do cérebro. Associado (entre outras funções) à resolução de problemas matemáticos, o córtex parietal é a superfície do lobo parietal. A pesquisa mostrou anormalidades na estrutura e funcionamento dessa parte do cérebro (Bugden & Ansari, 2015, p. 37).

Estudos sobre o sulco intraparietal (uma área do cérebro que processa a matemática) foram feitos. Esses estudos incluíam pesquisas envolvendo pessoas com síndrome de Turner, crianças com síndrome alcoólica fetal e aquelas com baixo peso ao nascer. Nesses grupos, há uma ocorrência de discalculia maior do que a típica e os indivíduos tendem a apresentar menos atividade cerebral no sulco intraparietal. Dehaene (2011) dá uma visão geral das evidências neurológicas.

A ansiedade pode exacerbar as dificuldades com a matemática. A ansiedade em relação à matemática é uma "reação à matemática emocionalmente negativa e potencialmente prejudicial" (Moore et al., 2015). Tal reação pode ser precipitada pelo medo do fracasso ou de parecer estúpido, o que pode estar relacionado com a experiência matemática do aluno ou suas percepções.

4.8 Identificação e avaliação

Ao identificar deficiências em matemática, os avaliadores têm em mente sua definição e suas dificuldades características, conforme estabelecido, por exemplo, nos critérios do *DSM-5* (APA, 2013, pp. 66-74). As formas de avaliação incluem testes disponíveis comercialmente, identificação precoce e avaliação com base na resposta de um indivíduo à intervenção.

4.8.1 Avaliações comerciais

Examinando os processos de neurodesenvolvimento subjacentes que apoiam as habilidades matemáticas, o *Feifer Assesment of Mathematics* (Feifer, 2016) abrange a faixa etária desde a pré-escola até a faculdade. Esta avaliação inclui um formulário de triagem curto (15 minutos). Além de uma pontuação total do índice, a avaliação fornece três pontuações do índice (verbal, procedural e semântica), cada uma destinada a representar um subtipo de discalculia. A pontuação do Índice Verbal diz respeito à recuperação automática de fatos e componentes linguísticos da matemática, enquanto a pontuação do Índice Procedural refere-se à capacidade de contar, ordenar e sequenciar números ou procedimentos matemáticos. Por fim, a pontuação do Índice Semântico mede componentes visuoespaciais e conceituais (por exemplo, representação de magnitude, padrões e relações, solução de problemas matemáticos de nível superior e senso numérico).

Composto por um livro e folhas de avaliação copiáveis usadas para investigar habilidades de numeracia, *The Dyscalculia Assessment* (Emerson & Babtie, 2013) fornece evidências do senso numérico e capacidade de cálculo de um aluno. Isso fundamenta um programa de ensino personalizado para alunos individuais ou pequenos grupos com dificuldades com números. Na Inglaterra, é usado principalmente com crianças de 5 a 11 anos, mas é adaptável para alunos mais velhos.

O *Beery Tests of Motor and Non-Motor Skills* (Beery et al., 2010) reconhece que déficits não verbais, como a percepção espacial, podem influenciar o desempenho em matemática. Isso talvez esteja relacionado a efeitos dispráxicos não motores na interpretação de material apresentado visualmente (Emerson, 2015, p. 221).

4.8.2 *Identificação precoce*

Identificação precoce significa detectar dificuldades em crianças pequenas antes que os problemas sejam agravados por fracassos e frustrações posteriores. Também diz respeito ao reconhecimento de indícios de dificuldades em qualquer idade que possam prejudicar a aprendizagem da matemática.

Consequentemente, é importante entender os fatores que apoiam o desenvolvimento da matemática precoce, mesmo antes da instrução formal, para tentar desenvolver uma estrutura para avaliar as habilidades matemáticas de crianças pequenas. Déficits de números básicos, por exemplo, foram identificados em "magnitude aproximada não simbólica e/ou representação de pequena quantidade" (Reeve & Gray, 2015, p. 44). Um aspecto disso é a subitização. Outros fatores que podem oferecer suporte ao desenvolvimento da matemática simbólica e contribuir para a identificação precoce de possíveis dificuldades são

- o papel da linguagem;
- as experiências matemáticas cotidianas;
- as funções cognitivas gerais; e
- a capacidade do aluno de acompanhar eventos numéricos no ambiente (Reeve & Gray, 2015).

Da mesma forma, são sugeridos "sinais de alerta" de discalculia:

- péssimo senso numérico;

- respostas lentas;
- dificuldades com a linguagem matemática;
- dificuldade de memória para fatos e procedimentos matemáticos;
- dificuldades com sequências; e
- dificuldades com posição e organização espacial (Hannell, 2013, pp. 13-14).

4.8.3 Resposta à avaliação da intervenção

Um aluno pode não fazer o progresso esperado em matemática, aparentemente devido a problemas com o aprendizado da própria disciplina, e não a outra causa, como doença, levando a uma educação deficitária. Nestas circunstâncias, outras investigações podem ser realizadas.

À medida que vão sendo experimentadas intervenções relacionadas com as dificuldades identificadas, vão-se modificando o que se ensina e como se ensina. Essencialmente, esta é uma "resposta à intervenção" diagnóstica.

4.9 Instrumentos de suporte

Tendo diferentes ênfases, as opiniões sobre deficiência em matemática podem ter focos distintos. Alguns se concentram em déficits essenciais. Outros enfatizam características do transtorno associadas ao comprometimento da leitura (por exemplo, dificuldades com representações fonológicas, processamento auditivo e percepção auditiva). Há aqueles, ainda, que procuram características associadas ao transtorno de coordenação do desenvolvimento, como problemas visuoespaciais.

Posição espacial, comprimento, área, peso, forma e volume têm aspectos numéricos. Nosso foco é analisar instrumentos de suporte relativos a números. Também avaliamos características como dificuldades de coordenação que não raramente dificultam ainda mais a aprendizagem da matemática e discutimos abordagens que podem ajudar os alunos com deficiência em matemática.

4.10 Currículo e avaliação

4.10.1 Currículo

Plano ou programa do que deve ser ensinado e aprendido, um currículo pode ser aplicado a vários contextos. Incluem-se escolas, centros de ensino, a própria casa do aluno (onde os programas são ministrados pelos pais e outros) e centros/clínicas especializados no tratamento de dificuldades de aprendizagem específicas.

Para alunos com deficiência em matemática, o desempenho em aspectos da disciplina será inferior ao de outros da mesma idade. O planejamento do currículo, portanto, começará nos níveis mais baixos de matemática (ou partes dela). Em uma escola ou centro de ensino, por exemplo, onde diversas áreas de aprendizagem são ensinadas, a equipe identificará em quais a matemática é um componente importante, como acontece em várias ciências. Nessas sessões, o aprendizado da matemática pode ser apoiado pelo pré-ensino das habilidades a serem usadas, acompanhamento do ensino para garantir a compreensão e apoio extra da equipe para o aluno.

Em ambientes maiores, como escolas, o conteúdo do currículo pode refletir níveis de desempenho inferiores aos típicos para a idade de um aluno, mas ensinado de maneira apropriada à idade, garantindo o envolvimento dos estudantes. A matemática funcional e cotidiana, em que o propósito e a relevância da aprendizagem são esclarecidos, pode motivar os alunos com dificuldades. Ao planejar a matemática em todos os aspectos, os educadores devem garantir que o aprendizado comece com exemplos concretos e práticos e experiências antes de passar para abordagens mais abstratas.

4.10.2 Avaliação

Além da avaliação envolvida na identificação e avaliação do transtorno matemático, a avaliação relacionada ao currículo também ocorre quando o conteúdo da matemática é ensinado.

A avaliação contínua durante o ensino não estabelece apenas se uma resposta para qualquer problema está correta. Também leva em consideração os processos usados pelo aluno para lidar com a matemática envolvida. O professor pedirá aos alunos que expliquem seu processo de elaboração para que equívocos sejam detectados. Uma vez que quaisquer erros de entendimento e processos relacionados são reconhecidos e corrigidos, a solução para o problema tende a se concretizar. Isso geralmente é feito com o professor e o aluno sentados juntos. Marcar simplesmente um cálculo como incorreto é inútil para o aluno se os motivos de um erro não forem identificados e corrigidos. Se o trabalho de grupo for recolhido para ser corrigido, os comentários por escrito do professor pedirão ao aluno para falar com ele ou serão detalhados o suficiente para explicar o erro e como ele pode ser solucionado. Mostrar ao aluno como melhorar é a melhor correção avaliativa, o que não pode ser feito a menos que o professor saiba por que um erro foi cometido.

Considere as razões pelas quais um aluno pode ter dificuldades com o valor posicional.

- Eles se confundem porque em uma reta numérica (1, 2, 3...), os números à esquerda são progressivamente menores em valor. Já com dígitos, o valor à esquerda é maior no sentido de representar dezenas, centenas etc. (por exemplo, em "24" o "2" à esquerda representa "20");

- Os números são mal-interpretados de modo que as informações corretas não são usadas;

- Os números são escritos incorretamente, ocultando o fato de que o aluno pode saber a resposta correta para o cálculo;

• O aluno não compreende o valor posicional devido a dificuldades com a linguagem usada.

Para corrigir quaisquer erros relativos ao valor posicional, o professor deve pedir ao aluno que explique seu trabalho, revelando o exato equívoco para que a melhor solução possa ser determinada. Para mais exemplos de tipos de erros e possíveis respostas do professor, ver Hannell (2013, p. 31).

4.11 Pedagogia

Sob a pedagogia, examinamos

• a instrução explícita e a prática do senso numérico;

• o progresso da experiência concreta para representações simbólicas e fatos numéricos básicos;

• o desenvolvimento da compreensão da linguagem matemática;

• o uso de experiências cotidianas de matemática;

• o uso do computador para aprender matemática; e

• a redução da ansiedade em relação à matemática.

4.11.1 Instrução explícita e prática do senso numérico

Como afirma Hannell (2013, p. 49), para entender adequadamente o sistema numérico, os alunos devem

• "compreender a reta numérica e como os números são posicionados nela;

- ter um forte senso da ordem de grandeza dos números;
- compreender a relação que os números têm entre si;
- contar com precisão e aplicar a habilidade de contar de forma flexível;
- compreender como usar o sistema de base dez na contagem;
- compreender o valor posicional em números escritos;
- compreender a composição e decomposição dos números".

Alunos com discalculia (em comparação com outros de inteligência semelhante) precisam de prática extra em muitas áreas: mais atividades para ajudar a desenvolver o senso numérico intuitivo; instrução extra intensiva e explícita sobre o sistema numérico e prática expandida de como usá-lo; bastante tempo para assimilar o básico; e experiência concreta com números grandes e pequenos (Hannell, 2013, p. 48, parafraseado).

Parte do desenvolvimento do senso numérico é ser capaz de formar e acessar automaticamente a representação espacial dos números (Kucian et al., 2011). Isso envolve entender a localização dos números em relação uns aos outros. O raciocínio matemático confiante emerge apenas de "saber" como os números são organizados em ordem de tamanho e a partir desse conhecimento.

Ajudando os alunos a começar a ver como os números se relacionam, uma reta numérica física mostra que as diferenças entre os números adjacentes são as mesmas.

A diferença representada pela distância espacial entre 5 e 6 é a mesma entre 7 e 8. Os educadores podem ensinar a compreensão da reta numérica por meio de atividades que incluem jogos de tabuleiro e brincadeiras no playground. Distribuídos os cartões de números individuais, pode-se solicitar aos alunos para colocá-los em ordem numérica. Nos exercícios mentais, o professor perguntaria ao aluno qual número vem antes ou depois de outro. Os alunos podem ver os padrões de sequências numéricas, por exemplo, que os números de 20 a 30 repetem os números de 1 a 10 em sua sequência de unidades. Hannell (2013, pp. 53-55) dá mais exemplos.

Se estiver confuso por simultaneamente tocar um item e contar, um aluno pode receber tarefas que envolvam tocar e nomear itens. Pode ser uma sequência de objetos coloridos tocados e identificados na ordem correta, como "vermelho, azul, verde, preto, vermelho, vermelho". Isso faz com que o aluno toque e fale automaticamente. Depois que isso estiver consolidado, ele pode nomear os itens por números, "um, dois, três", talvez pegando cada item à medida que é contado. Eles podem então contar sem tocar. Em seguida, vem a prática expandida de contar em uma ampla gama de situações e usar a habilidade em muitas situações práticas da vida real (Hannell, 2013, pp. 57-58).

A longo prazo, passar da compreensão do número para o cálculo básico envolve várias habilidades e níveis de entendimento. É importante que o aluno reconheça e compreenda os padrões numéricos, como padrões de dois ou dezenas. O valor posicional deve ser ensinado. A composição e decomposição numérica precisa ser familiar para o aluno. As operações de adição, subtração, multiplicação e divisão são ensinadas diretamente.

Em todo o processo, exemplos práticos são usados sempre que possível, o aluno é explicitamente instruído e recebe bastante prática e oportunidades para aplicar o novo aprendizado, e equívocos são detectados precocemente e corrigidos. Hannell (2013) fornece exemplos de atividades que apoiam esse desenvolvimento. Essas abordagens são usadas com mais intensidade por aqueles que têm dificuldades graves em matemática (pontuando entre os 5% mais baixos).

Uma dessas intervenções é o *Mathematics Recovery* (por exemplo, Wright et al., 2014), que possui vários elementos. Estes incluem os que são voltados para alunos com dificuldades, enfatizando métodos de contagem e representação numérica, bem como aqueles que englobam outros aspectos da aritmética. Após uma avaliação inicial aprofundada, o programa intensivo envolve meia hora diária de intervenção individualizada, ministrada por orientadores com 60 horas de treinamento.

O *Number Count*, outra intervenção intensiva (Dunn et al., 2011) também envolve uma avaliação diagnóstica inicial completa e meia hora de intervenção individualizada por dia, ministrada por profissionais com treinamento em nível de mestrado.

4.11.2 Progredindo da experiência concreta para representações simbólicas e fatos numéricos básicos

No ensino e aprendizagem da matemática, os pesquisadores propuseram uma sequência de ensino concreto-semiconcreto-abstrato. O ensino primeiro usa representações concretas (manipulativas) para expressar conceitos, seguidas por representações semiconcretas como marcas de contagem ou imagens, depois representação abstrata envolvendo símbolos (Bryant et al., 2015, p. 251).

Para alunos com baixo senso numérico que usam estratégias de contagem baseadas em unidades, podem ser usados manipulativos concretos que possam ser vistos, tocados, movidos e comentados pelos alunos (Emerson, 2015, pp. 223-225). Inicialmente, materiais discretos são usados, como blocos, contadores ou cordões de contas. Os professores podem utilizar um ábaco horizontal de dez fileiras com dez contas em cada fileira, cinco de uma cor e cinco de outra. Isso auxilia o aluno a reconhecer um grupo de cinco contas, sendo elas da mesma cor. Ajuda a contar a partir de cinco se houver, digamos, sete contas seguidas (porque cinco são fáceis de reconhecer como um grupo). Quando o aluno experimenta o uso de itens tridimensionais, tais itens podem ser representados bidimensionalmente por desenhos, talvez feitos pelo aluno.

Mais tarde, "material contínuo" é usado, como escalas Cuisenaire (auxílios físicos que usam tamanho e cor para ajudar os alunos a entender melhor os aspectos da matemática). Os números de 1 a 10 são representados por hastes de diferentes comprimentos. Contando objetos em fileiras de dez, os alunos falam sobre o que veem para reforçar o caráter baseado em dezenas do sistema numérico. Os itens podem ser organizados em fileiras de dez em trilhas numéricas para enfatizar o sentido dos itens em grupos de dez. Da mesma forma, arranjos de pontos até dez ajudam a familiarizar os alunos com os padrões. Os alunos colocam os padrões em ordem de acordo com a sequência de contagem enquanto desenvolvem uma consciência quantitativa dos números relativos uns aos outros (Emerson, 2015, p. 223).

À medida que os alunos compreendem como os números são decompostos e compostos (10 pode ser separado em 6 e 4; enquanto 6 e 4 podem ser unidos para formar 10), eles podem usar esse entendimento para ajudá-los nas operações numéricas.

Certas abordagens para operações numéricas podem auxiliar crianças com "dificuldades de aprendizagem" a adquirir habilidades matemáticas (Hamak et al., 2015). Para ajudar a recuperar fatos numéricos, os alunos são ensinados a dividir quantidades maiores em partes gerenciáveis. Para auxiliar no desenvolvimento da capacidade dos alunos de visualizar números, são usados materiais concretos como blocos conectáveis. Eles permitem que os alunos decomponham as quantidades e facilitem atividades matemáticas mentais.

Dividir as quantidades em valores gerenciáveis ajuda os alunos que têm dificuldades em recuperar fatos matemáticos da memória. Um aluno pode conhecer as ligações numéricas de 10, mas pode inicialmente ter dificuldades com a tarefa "9 + 8 =". O 8 pode ser decomposto em 1 e 7. O 1 pode então ser adicionado ao 9 para formar 10, visto que este é um fato numérico básico que o aluno já conhece. O 7 restante é adicionado ao 10 para fazer 17.

Da mesma forma, os professores podem ajudar os alunos a reconhecer quando, em somas de adição linear, eles podem agrupar números para usar fatos matemáticos já conhecidos. Considere o seguinte:

5 + 6 + 9 + 8 + 4 + 2 + 1

Os alunos podem agrupar o 9 e o 1 para fazer 10, o 8 e o 2 para fazer 10 e o 6 e o 4 para fazer 10. Eles verão que isso dá 30. Eles então adicionam a isso o 5 que não foi pareado. Isso pode ser feito inicialmente usando blocos de números móveis, permitindo que os alunos os emparelhe com mais facilidade (Hamak et al., 2015, pp. 210-213).

4.11.3 Desenvolver a compreensão da linguagem matemática

Aspectos da linguagem matemática são

- desenvolver e usar a própria linguagem matemática;
- histórias matemáticas; e
- problemas matemáticos com palavras.

Os alunos podem *desenvolver e usar a linguagem matemática* por meio de instrução direta em terminologia matemática (Hamak et al., 2015). Palavras que são comumente usadas em outras circunstâncias, mas têm um significado matemático específico, são ensinadas, como "par", "ímpar" e "tabela". Palavras geralmente vistas em matemática também são ensinadas à medida que surgem, por exemplo, "circunferência", "área" e "raio".

O desenvolvimento dessa linguagem está vinculado a exemplos concretos e experiência prática. Uma vez que o conceito (digamos, "circunferência") é compreendido, cartões com figuras podem ser usados para lembrar os alunos da palavra e seu significado. Ao iniciar a conversa sobre o conceito e encorajar os alunos a usar as palavras com confiança crescente, a terminologia é reforçada. Isso permite que os alunos relacionem a nova palavra e conceito com o que já é conhecido.

Destinado a crianças de 5 a 11 anos, o *Talking Mathematics* (Education Works, 2011) pode ser usado como uma abordagem distinta ou integrado ao ensino de matemática corrente. Levando normalmente cerca de dez semanas para ser concluído, o programa se concentra nas habilidades de fala e audição, importantes ao desenvolver estratégias de pensamento e resolver problemas matemáticos. Apoiando o uso de vocabulário e terminologia matemática, a intervenção desenvolve a capacidade de raciocinar, fazer generalizações, prever e reconhecer padrões e relações em matemática. É adequado para alunos com alguma competência matemática que precisam de ajuda para usar e compreender a linguagem matemática no contexto da disciplina. A intervenção fornece orientação para professores e auxiliares de sala de aula sobre como usar uma boa linguagem matemática e questionamentos que os alunos possam "modelar".

Voltando-nos para as *histórias matemáticas*, este recurso pode dar aos alunos uma melhor compreensão dos problemas matemáticos com palavras e como eles são construídos. Inventando e narrando uma história sobre "3" e "7", o aluno pode contar sobre campistas em um acampamento na floresta. No começo, eram sete. Três deles saíram para explorar e quatro ficaram. O aluno então escreve as diferentes somas que podem ser feitas a partir da história, como "7 − 3 = 4". Isso pode aumentar a confiança dos alunos que apresentam dificuldades com termos como "subtrair" e "menos", ajudando-os a desenvolver a linguagem necessária para imaginar e entender alguns princípios da aritmética básica.

Os professores podem fornecer uma estrutura inicialmente contando histórias matemáticas, que os alunos a partir daí elaborariam antes de inventar suas próprias histórias. Adereços relacionados a histórias podem ser usados para ajudar nas transições entre representações concretas e abstratas de ideias matemáticas (McGrath, 2015, p. 371).

À medida que desenvolvem conhecimentos e habilidades da linguagem matemática, os alunos são ensinados a lidar com *problemas matemáticos com palavras*, que envolvem mais do que pode parecer à primeira vista. Os alunos devem ser capazes de

- compreender a linguagem e as informações para definir o problema;

- construir uma representação do problema usando os "elementos relevantes e as relações entre as quantidades"; e

- planejar como resolver o problema, executar os planos e interpretar a "adequação e razoabilidade" do resultado em relação à situação original do problema (Jitendra et al., 2015, p. 357).

Os professores primeiro introduzem os problemas verbalmente em vez de por escrito, enquanto os alunos ouvem as palavras-chave na frase que os ajudarão a entender o que é solicitado. Eles então traduzem a frase em forma matemática e atacam o problema. Apresentando primeiro frases simples, os professores desenvolvem frases mais complicadas para dar uma base para problemas matemáticos escritos posteriores (Hamak et al., 2015, pp. 213-216).

Da mesma forma, os professores fornecem instruções tornando explícitas as estruturas subjacentes comuns do problema (Gersten et al., 2009). Isso permite que os alunos ultrapassem as características superficiais do problema, como o vocabulário, a forma como ele é expresso e qualquer informação irrelevante e, em vez disso, descubram a estrutura matemática subjacente, talvez desenhando um diagrama (Gersten et al., 2009, pp. 26-27).

4.11.4 Usando experiências cotidianas de matemática

Quando lhes é mostrado que a matemática faz parte da vida cotidiana, os alunos podem melhorar seu senso numérico. Isso ajuda aqueles com dificuldades de memória, conferindo à aprendizagem da matemática uma relevância que auxilia a retenção de informação. Situações cotidianas podem transmitir a ideia de que a matemática faz parte do mundo real e não apenas das aulas desta disciplina.

Para dar alguns exemplos relacionados a números, os alunos podem contar livros e itens de equipamento a serem distribuídos a um grupo para garantir que haja quantidade suficiente. Nas compras, as quantidades dos itens podem ser conferidas. Calendários e sequências de dias da semana podem ser confirmados. Introduzida em muitos contextos e com muitos exemplos, a compreensão do conceito de "mais que" e "menos que" pode ser feita de forma segura e generalizada.

Tal experiência de objetos e números é útil antes do emprego de "manipulativos", que envolvem abstração que é de difícil compreensão para alunos com deficiência em matemática. Os manipulativos representam objetos, tornando-os um passo distante da experiência real.

4.11.5 *Usando computadores para aprender matemática*

Usando animação ou personagens favoritos para ensinar uma habilidade matemática, os computadores podem ser motivadores. Eles permitem que as tarefas sejam lançadas com precisão no nível de habilidade e compreensão de um determinado aluno, permitindo um trabalho individual bem estruturado.

Harskamp (2015, p. 384) distingue duas categorias de software. A primeira é constituída pelos "tutoriais", que são adequados para praticar conhecimentos e habilidades. Os tutoriais auxiliam os educadores, permitindo a prática ou o reensino da matemática, proporcionando ao aluno demonstrações, explicações e prática guiada.

"Ambientes exploratórios", a segunda categoria de *software*, incentivam a aprendizagem ativa por meio da exploração e descoberta. Por exemplo, a aprendizagem baseada em hipermídia possibilita acesso a informações por meio de links nos textos, imagens, animação, áudio e vídeo. Sua natureza não linear e flexibilidade permitem que diferentes necessidades de aprendizagem sejam acomodadas. Além disso, simulações de computador (inclusive em jogos) podem melhorar a aprendizagem. Elas permitem que os alunos emulem situações da vida real em um ambiente programado, quando pode ser muito caro ou inseguro experimentar o equivalente na vida real (Harskamp, 2015, p. 384).

4.12 Reduzindo a ansiedade em relação à matemática

Uma "reação emocional à matemática negativa e potencialmente prejudicial" (Moore et al., 2015), a ansiedade em relação à matemática diminui as oportunidades de sucesso e carreira. Alunos com esta ansiedade tendem a tirar notas piores do que seus colegas no ensino médio e na faculdade e são menos propensos a seguir cursos e obter diplomas na área de exatas ou seguir carreiras com ênfase na matemática (Moore et al., 2015, p. 328). Um aluno pode temer parecer incompetente diante dos colegas. A ansiedade em relação à matemática inibe a aprendizagem basicamente redirecionando os recursos da memória de trabalho para os centros de regulação emocional do cérebro (Moore et al., 2015, p. 332).

Isso parece corresponder à percepção de que alguns alunos ficam excepcionalmente ansiosos quando se espera que demonstrem competência na aplicação de habilidades matemáticas. Às vezes, as dificuldades de atenção são exacerbadas pelo estresse e pela ansiedade em utilizar a matemática.

Ao tranquilizar o aluno e tornar a matemática agradável, talvez usando jogos, a ansiedade pode ser reduzida, ajudando o aluno a relaxar, concentrar-se e prestar atenção melhor. Quando um aluno experimenta altos níveis de ansiedade em relação à matemática, o ensino individual pode ajudar a garantir o sucesso precoce e reduzir a preocupação de errar na tarefa.

Minimizar temporariamente o desafio de aprendizagem (Fuchs et al., 2008) aumenta a confiança do aluno, proporcionando muitas experiências fundamentais de sucesso. Como educador, você pode dar explicações precisas para antecipar os problemas que o aluno provavelmente encontrará. Quando as preocupações com a matemática são parte de um nível de ansiedade mais geral e grave, aconselhamento pode ser disponibilizado.

4.13 Recursos

Para alunos com transtorno matemático, materiais concretos são importantes para estabelecer uma base para a aprendizagem. Escalas Cuisenaire, blocos Dienes MAB, kits Stern e blocos Unifix são usados no desenvolvimento da compreensão da computação e de outros conhecimentos matemáticos. Os equipamentos podem ser adaptados. Com a medição linear, um aluno que tenha dificuldades com a coordenação motora fina pode usar uma régua com uma pequena alça no lado plano e largo.

Por meio da exploração e da descoberta, os computadores podem estimular a aprendizagem ativa. Materiais disponíveis comercialmente incluem o *The Number Race* (www.thenumberrace.com), projetado para melhorar o senso numérico de indivíduos com discalculia, especialmente entre idades de 4 a 8 anos. Outro recurso, o *Bubble Reef* (www.sheppardsoftware.com) compreende 12 jogos multimídia envolvendo atividades numéricas básicas de contagem, reconhecimento numérico, sequenciamento e operações simples. Ambientado debaixo d'água, envolve vários personagens aquáticos. O *MathBase 1* (www.mathbase.co.uk) é um software do Reino Unido com foco em conceitos numéricos básicos, que oferece módulos mais avançados à medida que o aluno progride. Usando o cenário familiar de um mercado ao ar livre e experiências do dia a dia para desenvolver o senso numérico, o *To Market to Market* (www.learninginmotion.com) é um pacote de *software* dos Estados Unidos.

4.14 Terapia

Quando um aluno experimenta ansiedade grave em relação à matemática, talvez no contexto de um transtorno de ansiedade mais amplo, aconselhamento pode ser disponibilizado.

4.15 Organização

A instrução sistemática e explícita é útil para os alunos com transtornos matemáticos e deve lhes oferecer oportunidades para responderem e falarem sobre o que pensam (Gersten et al., 2008; Instructional Research Group, Califórnia, www.inresg.org). Portanto, a organização da sala de aula e do grupo que a facilite deve ajudar na aprendizagem. Se bem focadas, as oportunidades para discussões em pequenos grupos e para os alunos falarem com os parceiros podem ser benéficas.

4.16 Conclusão

A matemática é complexa, sugerindo que lidar com deficiências em matemática provavelmente será um desafio. Desenvolver o senso numérico é uma base para a compreensão e habilidade matemática. As definições de deficiência em matemática, transtorno específico de habilidades aritméticas e discalculia diferem em detalhes. As estimativas da prevalência de discalculia são de 6,5% ou mais.

A deficiência em matemática se sobrepõe a dificuldades de leitura, escrita e matemática, bem como de coordenação. Déficits na memória de trabalho visuoespacial ocorrem juntamente com dificuldades aritméticas, e déficits de atenção coocorrem com problemas matemáticos.

Alguns estudos de neuroimagem de crianças com discalculia do desenvolvimento mostraram anormalidades na estrutura e funcionamento do córtex parietal. Em grupos com síndrome de Turner, crianças com síndrome alcoólica fetal e aquelas com baixo peso ao nascer, a discalculia é mais frequente do que normalmente e tende a haver menos atividade cerebral no sulco intraparietal. A ansiedade em relação à matemática pode ser precipitada pelo medo do fracasso ou de parecer estúpido (ambos possivelmente relacionados à experiência de um aluno com a matemática ou à percepção que ele tem dela). Testes disponíveis comercialmente, identificação precoce com base na observação de dificuldades aparentes e avaliação respaldada na resposta de um indivíduo à intervenção são usados para identificação e avaliação.

Para alunos com deficiência em matemática, o planejamento do currículo começa nos níveis mais baixos de matemática (ou partes dele). Em ambientes onde várias áreas de aprendizagem são ensinadas, incluindo disciplinas em que a matemática é um componente importante, a aprendizagem desta matéria deve ser apoiada. Isso pode ser feito por pré-ensino das habilidades a serem usadas, ensino de acompanhamento para garantir a compreensão e suporte extra da equipe. A avaliação contínua durante o ensino leva em consideração os processos usados pelo aluno para se envolver com a matemática.

A pedagogia inclui instrução explícita e prática do senso numérico, experiência concreta para representações simbólicas e fatos numéricos básicos, desenvolvimento da compreensão da linguagem matemática, uso de experiências cotidianas de matemática, emprego do computador para aprender matemática e redução da ansiedade em relação à matemática. São utilizados materiais concretos como escalas e blocos, equipamentos adaptados e software de computador. Aconselhamento pode ser fornecido para ansiedade severa em relação à matemática. É dada aos alunos a oportunidade de responder e falar sobre seus pensamentos e de participar de pequenos grupos e discussões em duplas.

4.17 Pontos para reflexão

Você pode considerar a eficácia relativa das abordagens discutidas neste capítulo e como essas abordagens podem ser racionalizadas em instrumentos de suporte abrangentes e coerentes.

4.18 Textos essenciais

Chin, S. (Ed.). (2017). *Routledge International Handbook for Dyscalculia and Mathematical Learning Difficulties*. Routledge.

Este livro inclui artigos de diferentes países que descrevem vários aspectos das dificuldades de aprendizagem matemática e da discalculia. Variam de revisões abrangentes a contribuições do tipo diário apresentando uma única peça de pesquisa.

Um exemplo de site da internet que oferece uma breve visão geral do transtorno matemático é www.schwablearning.org/articles.

4.19 Recursos

The Number Race (www.thenumberrace.com).

Bubble Reef (www.sheppardsoftware.com).

MathBase 1 (www.mathbase.co.uk).

To Market to Market (www.learninginmotion.com).

4.20 Referências

American Psychiatric Association (2013). *Diagnostic and statistical manual of mental disorders fifth edition (DSM-5).* APA.

Beery, K. E., Beery, N. A., & Buktenika, N. A. (2010). *Beery test of visual perception* (6. ed.). Pearson.

Bryant, D. P., Bryant, B. R., Shin, M., & Pfannenstiel, K. H. (2015). Learning disabilities: Mathematics characteristics and instructional exemplars. In S. Chin (Ed.), *Routledge International Handbook for Dyscalculia and Mathematical Learning Difficulties*. Routledge.

Budd, C. J. (2015). Promoting maths to the general public. In R. Cohen Kadosh, & A. Dowker (Eds.), *The Oxford Handbook of Numerical Cognition* [Oxford Library of Psychology] (pp. 3-16). Oxford University Press.

Bugden, S., & Ansari, D. (2015). How can cognitive developmental neuroscience constrain our understanding of developmental dyscalculia? In S. Chin (Ed.), *Routledge International Handbook for Dyscalculia and Mathematical Learning Difficulties* (pp. 18-43). Routledge.

Butterworth, B. (2003). *Dyscalculia screener*. NFER-Nelson.

Butterworth, B. (2010). Foundational numerical capacities and the origins of dyscalculia. *Trends in Cognitive Sciences, 14*(12), 534-541.

Chin, S. (2012). *More trouble with maths*. Routledge.

Chin, S. (Ed.) (2017). *Routledge International Handbook for Dyscalculia and Mathematical Learning Difficulties*. Routledge.

Cowan, R. (2015). Education. In R. Cohen Kadosh, & A. Dowker (Eds.), *The Oxford Handbook of Numerical Cognition* [Oxford Library of Psychology] (pp. 1021-1035). Oxford University Press.

Czamara, D., Tiesler, C. M. T., Kohlböck, G., Berdel, D., Hoffmann, B., Bauer, C.-P., Koletzko, S., Schaaf, B., Lehmann, I., Herbarth, O., von Berg, A., Müller-Myhsok, B., Schulte-Körne, G., & Heinrich, J. (2013). Children with ADHD symptoms have a higher risk for reading, spelling and math difficulties in the GINIplus and LISAplus cohort studies. *PLoS ONE, 85*(5), Article e63859.

Dehaene, S. (2011). *The number sense: How the mind creates mathematics.* Oxford University Press.

Department for Education/Department of Health (2014, junho). *Special educational needs and disability code of practice: 0 To 25 Years – Statutory guidance for organisations who work with and support children and young people with special educational needs and disabilities.* DfE/DoH.

Dunn, S., Mathews, L., & Dowrick, N. (2011). Numbers count: Developing a national approach to intervention. In I. Thompson (Ed.), *Issues in teaching numeracy in primary schools* (pp. 224-234). Open University Press.

Education Works (2011). *Talking mathematics.* www.edu cationworks.org.uk

Emerson, J. (2015). The enigma of dyscalculia. In S. Chin (Ed.), *Routledge International Handbook for Dyscalculia and Mathematical Learning Difficulties* (pp. 217-227). Routledge.

Emerson, J., & Babtie, P. (2013). *The dyscalculia assessment* (2. ed.). Bloomsbury.

Feifer, S. G. (2016). *Feifer assessment of mathematics.* Psychological Assessment Resources.

Fuchs, L. S., Fuchs, D., Powell, S. R., Seethaler, P. M., Cirino, P. T., & Fletcher, J. M. (2008). Inclusive intervention for students with mathematics disabilities: Seven principles of effective practice. *Learning Disability Quarterly, 31*(2), 79-92.

Gersten, R., Chard, D. C., Jayanthi, M., Baker, S. K., Morphy, P., & Flojo, J. (2008). *Mathematics instruction for students with learning disabilities or difficulties learning mathematics: A synthesis of the intervention research.* RCM Research Corporation, Center on Instruction.

Gersten, R., Beckmann, S., Clarke, B., Foegen, A., Marsh, L., Star, J. R., & Witzel, B. (2009). *Assisting students struggling with mathematics: Response to Intervention (RTI) for elementary and middle schools.* [NCEE 2009-4060]. National Centre for Education Evaluation and Regional Assistance, Institute of Education Sciences, US Department of Education.

Hamak, S., Astilla, J., & Preclaro, H. R. (2015). The acquisition of mathematics skills of Filipino children with learning difficulties: Issues and challenges. In S. Chin (Ed), *The Routledge International Handbook of Dyscalculia and Mathematical Learning Difficulties* (pp. 203-216). Routledge.

Hannell, G. (2013). *Dyscalculia: Action plans for successful learning in mathematics*. Routledge.

Harskamp, E. (2015). The effects of computer technology on primary school students' mathematics achievement. In S. Chin (Ed.), *Routledge International Handbook for Dyscalculia and Mathematical Learning Difficulties*. Routledge.

Jitendra, A. K., Dupuis, D. N., & Lein, A. E. (2015). Promoting word problem solving performance among students with mathematical difficulties: The role of strategy instruction that primes the problem structure. In S. Chin (Ed.), *Routledge International Handbook for Dyscalculia and Mathematical Learning Difficulties*. Routledge.

Kaufmann, L., Mazzocco, M. M., Dowker, A., von Aster, M., Göbel, S. M., Grabner, R. H., Henik, A., Jordan, N. C., Karmiloff-Smith, A. D., Kucian, K., Rubinstein, O., Szucs, D., Shalev, R., & Hans-Christoph, N. (2013). Dyscalculia from a developmental and differential perspective. *Frontiers in Psychology, 4*, 516.

Kucian, K., Grond, U., Rotzer, S., Henzi, B., Schömann, C., Plangger, F., Gälli, M., Martin, E., & von Aster, M. (2011). Mental number line training in children with developmental dyscalculia. *NeuroImage, 57*, 782-795.

Landerl, K. (2015). How specific is the specific disorder of arithmetic skills? In S. Chin (Ed.), *Routledge Interna-*

tional Handbook for Dyscalculia and Mathematical Learning Difficulties (pp. 115-124). Routledge.

Landerl, K., & Moll, K. (2010). Comorbidity of learning disorders: Prevalence and familial transmission. *Journal of Clinical Child Psychology and Psychiatry, 51*, 287-294.

McGrath, C. (2015). Mathematical storyteller kings and queens: An alternative pedagogical choice to facilitate mathematical thinking and understand children's mathematical capabilities. In S. Chin (Ed.), *Routledge International Handbook for Dyscalculia and Mathematical Learning Difficulties*. Routledge.

Moore, A. M., McAuley, A. J., Allred, G. A., & Ashcraft, M. H. (2015). Mathematics anxiety, working memory, and mathematical performance: The triple task effect and the affective drop in performance. In S. Chin (Ed.), *Routledge International Handbook for Dyscalculia and Mathematical Learning Difficulties*. Routledge.

Orrantia, J., Romualdo, S. S., Sánchez, R., Matilla, L., Múñez, D., & Verschaffel, L. (2018, junho). Numerical magnitude processing and mathematics achievement. *Revista de Educación*.

Reeve, R. A., & Gray, S. (2015). Number difficulties in young children. In S. Chin (Ed.), *Routledge International Handbook for Dyscalculia and Mathematical Learning Difficulties* (pp. 44-59). Routledge.

Schuchardt, K., Maehler, C., & Hasselhorn, M. (2008). Working memory in children with specific learning disorders. *Journal of Learning Disabilities, 41*, 514-523.

Sharma, M. C. (2015). Numbersense: A window into dyscalculia and other mathematics difficulties. In S. Chin (Ed.), *Routledge International Handbook for Dyscalculia and Mathematical Learning Difficulties* (pp. 277-291). Routledge.

World Health Organization (2010). F81.2 Specific disorder of arithmetical skills. In *The ICD-10 Classification of Mental and Behavioural Disorders*. WHO.

Wright, R. J., Stanger, G., Stafford, A. K., & Martland, J. (2014). *Teaching Number in the Classroom with 4 to 8 Year Olds (Math Recovery)*. Sage.

Zhou, X., & Cheng, D. (2015). When and why numerosity processing is associated with developmental dyscalculia. In S. Chin (Ed.), *Routledge International Handbook for Dyscalculia and Mathematical Learning Difficulties* (pp. 78-89). Routledge.

5
Transtorno do desenvolvimento da coordenação

5.1 Introdução

Neste capítulo, discuto definições de transtorno do desenvolvimento da coordenação (TDC) (com suas origens em noções de desajeitamento), entendimentos sobre TDC e dispraxia e tipos de dificuldades motoras. Considero a natureza generalizada do TDC, sua prevalência e coocorrência com outros transtornos. Possíveis fatores causais genéticos e neurológicos são abordados. Levando em conta a identificação e avaliação, o capítulo aborda os testes de triagem, implicações para testes em diferentes idades, testes padronizados, avaliações multiprofissionais e elegibilidade para instrumentos de suporte especiais.

Examino o currículo e avaliação relacionada. A pedagogia é discutida em relação às abordagens gerais de sala de aula, treinamento de habilidades específicas e adaptações para aumentar a participação do aluno. Também é examinada a pedagogia em relação às áreas importantes da educação física, educação pessoal e social, e caligrafia. Analiso os recursos com referência a equipamentos especiais e adaptados, e os diferentes usos de recursos regulares. A fisioterapia é considerada relativa a duas intervenções: Treinamento de Tarefas Neuromotoras e Orientação Cognitiva para o Desempenho Ocupacional Diário. Discuto a organização, incluindo a disposição dos móveis e equipamentos nas salas.

5.2 Definições

5.2.1 TDC é mais do que "ser desajeitado"

Antigamente, era comum usar a expressão "síndrome da criança desajeitada" para o que hoje é chamado de transtorno do desenvolvimento da coordenação (TDC). De fato, uma descrição sucinta recente do TDC é que ele se refere a crianças, "cujo desajeitamento não tem causa médica conhecida" e "cujo funcionamento social e acadêmico cotidiano é significativamente deficiente" (Cairney, 2015, pp. 5-6).

Embora o foco no desajeitamento possa transmitir uma característica comum da condição ou pelo menos um subtipo possível, ele não leva em consideração algumas implicações sutis que são mais complexas do que apenas a ideia de desajeitamento sugere. As consequências do TDC podem incluir um impacto na socialização, na saúde e condicionamento físico, e no bem-estar mental.

5.2.2 Transtorno do desenvolvimento da coordenação e dispraxia

A orientação diagnóstica amplamente utilizada (APA, 2013) define o TDC como uma condição na qual a aquisição e a realização de habilidades motoras coordenadas estão "substancialmente abaixo do esperado". Tais expectativas são baseadas na idade cronológica do indivíduo e nas oportunidades anteriores de aprender e usar as habilidades em questão. As dificuldades se manifestam como "desajeitamento" e "lentidão e imprecisão no desempenho das habilidades motoras" (APA, 2013, p. 74).

Além disso, o déficit de habilidades motoras "interfere significativa e persistentemente nas atividades da vida diária apropriadas à idade cronológica". Inibe a "produtividade acadêmica/escolar, atividades pré-vocacionais e vocacionais, lazer e diversão" (APA, 2013, p. 74). Os sintomas começam no "período inicial de desenvolvimento".

Há um cuidado para evitar confundir TDC com os efeitos de outras condições. A deficiência intelectual ampla, assim como a deficiência visual, pode levar a movimentos limitados e descoordenados. Outros problemas afetam o movimento devido a condições neurológicas. Um distúrbio neurológico do movimento, que afeta a coordenação muscular e o equilíbrio e prejudica a caminhada, a ataxia, por exemplo, é causada por danos no cerebelo, uma parte do cérebro que controla a coordenação muscular. Para evitar confusão com tais condições, os critérios para TDC estabelecem que déficits evidentes nas habilidades motoras não são mais bem explicados por "deficiência intelectual [...] ou deficiência visual". Nem são atribuíveis a "uma condição neurológica que afeta o movimento" (APA, 2013).

Alguns países ainda usam o termo "dispraxia" (grego para "dificuldade em fazer"). Às vezes, a dispraxia é considerada um subtipo de TDC. Por exemplo, a Dyspraxia Foundation a descreve como "uma forma de transtorno do desenvolvimento" que afeta a "coordenação motora fina e/ou grossa" (www.dyspraxiafoundation.org.uk/about-dyspraxia).

As definições de dispraxia tendem a enfatizar o planejamento e a organização do movimento.

5.2.3 Tipos de problemas motores

Para auxiliar a fornecer uma imagem mais completa da condição, bem como definições de TDC, há descrições de problemas motores experimentados com a condição. Tais descrições transmitem a natureza variável do TDC.

Problemas com o controle motor fino tornam atividades que envolvem manipulação com os dedos e mãos extremamente difíceis, como ilustrado pelos atos de vestir, comer com talheres, escrever, desenhar e usar tesouras. Os indivíduos podem ter dificuldades com movimentos motores grossos ao encontrar uma rota em torno de móveis, participar de esportes e sentar em uma cadeira com segurança. Dificuldades de coordenação motora podem estar por trás de problemas secundários, como participação limitada em atividades, problemas de saúde física e comportamento disruptivo desencadeado pela frustração (Cairney, 2015, pp. 10-11).

Geuze (2005) identificou três tipos de problemas experimentados por alunos com TDC:

- mau controle postural ou dificuldades de equilíbrio estático e dinâmico;
- má coordenação sensório-motora abrangendo planejamento motor, timing, antecipação e usar "feedback" para responder às mudanças ambientais; e
- problemas com a aprendizagem motora envolvendo a aquisição de novas habilidades, adaptação às mudanças e automatização (concentrar-se em uma tarefa enquanto realiza outros movimentos necessários para uma ação coordenada com pouca ou nenhuma atenção consciente).

Em comparação com indivíduos da mesma idade, as crianças com TDC tendem a ser muito mais lentas no processamento de informações visuoespaciais.

5.3 Implicações do transtorno do desenvolvimento da coordenação

As implicações do TDC são muitas. O TDC pode limitar a participação em atividades físicas e sociais no trabalho, na escola, em casa e na comunidade. O envolvimento reduzido em atividades, por sua vez, afeta o desenvolvimento de habilidades e o bem-estar físico e emocional (Engel-Yeger, 2015, pp. 47-48). Restrições nas brincadeiras e atividades de lazer podem limitar as oportunidades de se desenvolver socialmente e de outras formas (Cairney, 2015, p. 62). Levando à redução da atividade física, a baixa competência motora pode afetar a saúde, especialmente a saúde cardiovascular (Cairney).

Estudos de interações entre TDC e suas consequências sociais e emocionais sugerem possíveis relações com ansiedade, depressão, autopercepção e habilidades sociais (Piek & Rigoli, 2015, p. 126).

Missiuna et al. (2015) afirmam de forma contundente que

> Vinte e cinco anos de pesquisa produziram evidências claras de que os problemas motores de crianças com TDC são vitalícios [...] e que essas dificuldades motoras estão fortemente associadas ao desenvolvimento subsequente de dificuldades de saúde físicas e mentais, incluindo diminuição da aptidão física [...] obesidade [...] ansiedade [...] depressão [...] baixa autoestima [...] e também insucesso acadêmico [...] (Missiuna et al., pp. 215-216).

5.4 Prevalência e coocorrência com outros transtornos

5.4.1 Prevalência de TDC

Em crianças de 5 a 11 anos, a prevalência de TDC é de 5 a 6%. É encontrada uma relação homem:mulher variando de 2:1 a 7:1 (APA, 2013, p. 75). No entanto, estudos populacionais de crianças com TDC sugerem que um número mais equivalente de meninos e meninas pode ser afetado (Edwards et al., 2011).

5.4.2 Coocorrência de TDC com outros transtornos

A coocorrência de TDC com outras condições pode ser alta. Em relação ao transtorno do déficit de atenção com hiperatividade, a coocorrência é de cerca de 50%. Outras condições comumente coocorrendo com TDC são transtornos da fala e da linguagem, dificuldades de aprendizagem específicas, transtorno do espectro autista e problemas de comportamento emocional e disruptivo.

Podem ocorrer *clusters* com deficiência grave de leitura, dificuldades de escrita e problemas motores finos. Controle de movimento e planejamento motor prejudicados é outro *cluster* (APA, 2013, p. 77).

5.5 Fatores causais

Ainda não compreendemos integralmente a etiologia do TDC. Alguns pesquisadores propuseram um possível elemento genético (Gaines et al., 2008). Originando-se no início da vida, a condição pode se desenvolver enquanto a criança está no útero ou logo após o nascimento. O TDC pode resultar de danos à medida que o cérebro está se desenvolvendo quando as vias neurais que governam a coordenação motora e o controle estão se formando. O nascimento prematuro parece ser um fator de risco (Cairney, 2015, p. 15).

Embora complexas, evidências neurológicas começam a apontar para possíveis fatores causais. Estudos de imagens cerebrais sugerem que o TDC pode estar associado à disfunção dos lobos parietais e do cerebelo, uma parte do cérebro envolvida na coordenação motora e no controle postural (Zwicker et al., 2010a; Zwicker et al., 2010b). Em crianças com TDC, os mecanismos neurológicos envolvidos na previsão do controle motor podem estar comprometidos. Além disso, há déficits no controle executivo (Wilson, 2015, p. 157).

5.6 Identificação e avaliação

Consideramos a identificação e avaliação do TDC em relação a

- testes de triagem;
- implicações para testes em diferentes idades;
- testes padronizados;
- avaliação multiprofissional; e
- elegibilidade para instrumentos de suporte especiais.

5.6.1 Testes de triagem

Dado o potencial de desenvolvimento de dificuldades secundárias, a identificação precoce do TDC é importante. No entanto, existe alguma reserva quanto à sensibilidade dos testes de triagem na identificação de TDC e dificuldades motoras em geral. Apesar dessas limitações, os questionários de triagem podem fornecer informações importantes sobre as habilidades motoras funcionais das crianças em casa e na escola (Schoemaker & Wilson, 2015, pp. 169-191).

5.6.2 Implicações das avaliações em diferentes idades

Ao realizar uma avaliação, o profissional precisa estar ciente das possíveis características da condição em diferentes idades e períodos de desenvolvimento. Crianças de 4 ou 5 anos com TDC podem achar mais difícil do que seus pares subir e descer escadas. Podem aprender a usar o banheiro de forma independente muito mais tarde do que as outras crianças e têm dificuldade em manusear brinquedos e realizar tarefas que exijam destreza, como montar quebra-cabeças.

Como as habilidades não são seguras nem automáticas, uma criança de 5 a 11 anos com o transtorno pode ter dificuldade em generalizá-las. A maioria dos alunos com desenvolvimento típico encontra pouca dificuldade em tarefas como a adaptação para pegar várias bolas de tamanhos diferentes. Para indivíduos com TDC, a adaptação para tais atividades será quase como aprender uma nova habilidade a cada vez. Com tendência a derrubar coisas ou esbarrar em objetos, eles podem ser propensos a acidentes.

Alunos mais velhos podem ser desorganizados, achando difícil se deslocar em prédios grandes e chegar a diferentes partes deles pontualmente, em especial se houver escadas para subir. Em uma escola ou faculdade, algumas disciplinas apresentam desafios, por exemplo, implicações de segurança no manuseio de substâncias perigosas. Isso exigirá que avaliações de risco sejam feitas para alunos individualmente.

5.6.3 Avaliações comerciais

Uma infinidade de avaliações está disponível comercialmente, refletindo a natureza variada e as diversas manifestações do TDC.

Usado para identificar problemas visuomotores associados à dispraxia, o "Teste de desenvolvimento da integração visuomotora de Beery-Buktenica" (*Beery-Buktenica Developmental Test of Visual-Motor Integration* – "Beery VMI") (Beery et al., 2010) mostra quão bem um indivíduo pode integrar habilidades visuais e motoras. É padronizado para idades de 2 anos a adultos.

O *Movement Assessment Battery for Children* (segunda edição) ou *Movement ABC-2* (Henderson et al., 2007) contém oito tarefas em cada uma das três faixas etárias (3-6, 7-10 e 11-16 anos). Esta avaliação cobre três áreas: destreza manual, habilidades com bola e equilíbrios estático e dinâmico. As pontuações percentuais são usadas para permitir a comparação das pontuações da criança com as de colegas com desenvolvimento típico. Uma lista de verificação abrange idades de 5 a 12 anos e é um meio de avaliar o movimento em situações cotidianas.

Uma avaliação administrada individualmente das coordenações motoras grossa e fina, o "Teste de proficiência motora de Bruinincks-Oseretsky" (*Bruinincks-Oseretsky Test of Motor Proficiency* – BOT-2) (Bruinincks & Bruinincks, 2005) é para idades de 4 a 22 anos. Oito subtestes avaliam precisão motora fina, integração motora fina, destreza manual, coordenação bilateral, equilíbrio, velocidade de corrida e agilidade, coordenação dos membros superiores e força.

Padronizado para o Reino Unido, a "Avaliação detalhada da velocidade da escrita" (*Detailed Assessment of Speed of Handwriting* – DASH) (Barnett et al., 2007) analisa a velocidade e a legibilidade da caligrafia. Aplicado a idades entre 9 e 17 anos, identifica palavras por minuto em relação às médias nacionais, em condições de teste e não teste, dando uma descrição mais precisa de por que o indivíduo apresenta dificuldades para escrever de forma legível e em velocidade normal. Os terapeutas ocupacionais usam a DASH para avaliar o progresso feito durante a terapia.

Os subtestes examinam habilidades motoras finas e de precisão, a velocidade de produção de material simbólico conhecido, a capacidade de alterar a velocidade de desempenho em duas tarefas com conteúdo idêntico e a competência de escrita livre. A DASH17+ é usada para alunos de 17 a 25 anos no ensino superior.

5.6.4 Avaliações multiprofissionais

Avaliações multiprofissionais, como a variedade de testes comerciais, refletem a natureza complexa do TDC. Elas podem envolver um médico, fisioterapeuta, terapeuta ocupacional, psicólogo escolar, fonoaudiólogo e professor. Tais avaliações reconhecem que o movimento e as dificuldades de movimento ocorrem em um contexto.

De fato, é evidente que "o movimento é um produto de fatores inatos (neurológicos), biológicos e ambientais (estímulos)" (Cairney, 2015). O indivíduo está inserido na tarefa ou no cenário em que o movimento está sendo avaliado (Cairney, 2015, p. 12, parafraseado). Assim, sempre que possível, várias avaliações são feitas ao longo do tempo. Isso permite que o avaliador considere a variabilidade nas taxas de mudança para o indivíduo que está sendo avaliado e essas mudanças quando comparadas com outros da mesma idade (Cairney, 2015, p. 14).

5.6.5 Elegibilidade para instrumentos de suporte especiais

Nos Estados Unidos, embora o TDC não seja considerado uma deficiência de aprendizagem classificada, os alunos podem receber serviços dentro do sistema educacional com base em seu impacto no desempenho acadêmico. No Canadá, alguns pais conseguiram obter uma identificação de educação especial para seus filhos sob a égide de deficiência de aprendizagem devido ao impacto acadêmico; ou sob o amparo relativo à deficiência física, se a criança levantou questões de autocuidado ou segurança na escola (C. Missiuna, comunicação pessoal, 2010).

5.7 Currículo e avaliação

Em instituições como escolas, faculdades e centros de ensino, o currículo para alunos com TDC provavelmente é semelhante ao da maioria dos alunos. Haverá algumas diferenças em ênfase e em detalhes. No geral, o equilíbrio das disciplinas no currículo pode enfatizar as áreas em que os alunos precisam de prática e apoio extra.

Refinamentos podem ser feitos em programas onde a coordenação motora é central, incluindo caligrafia, educação física, arte, geometria e desenvolvimento de habilidades sociais e pessoais. Artesanato ou tecnologia onde ferramentas são usadas e o trabalho de laboratório em ciências também requerem um preparo cuidadoso. Isso reflete a necessidade de um planejamento mais detalhado em que as tarefas são difíceis para alunos com TDC e ajuda a garantir que as atividades com risco de acidente sejam realizadas da forma mais segura possível.

Ao desenvolver o planejamento, o educador revisará as sessões de aprendizagem para destacar as habilidades motoras que elas exigem ou que desenvolvem. Os professores podem então garantir que todos os alunos tenham condições de realizar as atividades motoras necessárias e que eles sejam instruídos diretamente onde as habilidades são novas. Ensinadas individualmente ou em pequenos grupos, essas habilidades podem ser desenvolvidas e praticadas durante o período extracurricular em grupos de atividades ou clubes. É importante ressaltar que as habilidades devem ser desenvolvidas e praticadas em contexto, oferecendo-se também oportunidades regulares para aplicá-las em diversas situações com diferentes demandas.

A avaliação do desenvolvimento motor pode ser particularmente detalhada para garantir que o progresso seja monitorado. Pequenos passos de avaliação também ajudarão a demonstrar que algum progresso foi feito para que isso possa ser reconhecido e confirmado.

5.8 Pedagogia

Nesta seção, analiso

- abordagens gerais de sala de aula;
- treinamento de habilidades específicas;
- adaptações para aumentar a participação do aluno;
- educação física;
- educação pessoal e social; e
- caligrafia.

As três primeiras seções, evidentemente, examinam abordagens, ao passo que as três restantes tratam de áreas de aprendizagem que podem ser particularmente desafiadoras para aqueles com TDC. Em cada uma dessas áreas, descrevo combinações de ensino de habilidades motoras e adaptações para ajudar na participação e no desempenho. Abordagens especializadas usadas com alunos com dificuldades severas e complexas associadas ao TDC e principalmente ministradas por terapeutas ocupacionais/fisioterapeutas são discutidas em uma seção posterior deste capítulo, sobre terapia.

5.8.1 Abordagens gerais do grupo

Missiuna et al. (2015, pp. 218-232) sugerem uma estrutura de aprendizagem que inclui uma abordagem geral para encorajar e ensinar habilidades motoras. Isso implica que os educadores e auxiliares precisam ser treinados para compreender o desenvolvimento motor típico dos alunos, as habilidades motoras esperadas em diferentes idades e como essas habilidades podem ser estimuladas (Missiuna et al., 2015, p. 220).

Assim, as habilidades motoras são promovidas para todos os alunos por meio de atividades gerais baseadas no currículo. Ao planejar uma sessão em que surgirão tarefas motoras, o educador garante que as habilidades necessárias sejam ensinadas diretamente no contexto. Em uma escola ou centro de ensino, por exemplo, isso pode envolver cortar formas com uma tesoura durante uma sessão de arte ou matemática. Para ajudar a garantir que todos possam participar de jogos de bola, as habilidades de lançar e pegar uma bola seriam ensinadas diretamente (Missiuna et al., 2015, p. 220).

Implícito em tudo isso está uma espécie de modelo universal para a aprendizagem aplicado às habilidades motoras e ao desenvolvimento (Missiuna et al., 2015, p. 220). Uma sala de grupo (como uma sala de aula em uma escola) é projetada para promover o desenvolvimento motor, por exemplo, por meio de mudanças no ambiente físico. Podem ser áreas de exploração instaladas temporariamente ou por períodos mais longos. Para permitir que os alunos com TDC alcancem os mesmos objetivos de aprendizagem que seus colegas, uma variedade de materiais e abordagens educacionais é utilizada.

Considere que o objetivo da aprendizagem é melhorar a condição física e a participação em uma atividade física. Nesse caso, o educador precisaria encontrar atividades nas quais um aluno com TDC tenha condições de participar. O professor pode dar ao aluno um papel específico que ele possa administrar e, posteriormente, oferecer papéis mais exigentes. Tais abordagens, embora apropriadas para todos os alunos, provavelmente beneficiarão em especial aqueles com TDC. Essas funções devem fazer parte da atividade do grupo, o que às vezes exige engenhosidade. Não podem ser uma tarefa isolada em que o aluno com TDC fique à margem, privado da oportunidade de desenvolver habilidades sociais e de equipe.

5.8.2 Treinamento de habilidades específicas

Abordagens gerais de grupo e ensino específico não serão suficientes para estimular o desenvolvimento de habilidades motoras para todos. Pode ser necessário um treinamento em grupo mais focado em habilidades específicas. Missiuna et al. (2015, p. 225) resumem alguns dos principais aspectos do que funciona a esse respeito.

Eles sustentam que as intervenções de habilidades motoras são mais eficazes

• quando aplicadas a alunos com mais de 5 anos de idade;

• quando o treinamento de habilidades específicas é um foco particular; e

• quando a intervenção é realizada em grupo ou por meio de um programa domiciliar.

Para ter um impacto positivo, a intervenção precisa ser administrada pelo menos três vezes por semana. Numa escola ou centro de ensino, as atividades podem ocorrer durante as sessões de educação física ou como atividades extracurriculares e serem dirigidas a alunos com dificuldades de aprendizagem motora. Tsai et al. (2009) relatam que treinaram grupos de crianças nas habilidades motoras exigidas no jogo de futebol. Posteriormente, descobriram que o desempenho de tarefas de crianças com TDC melhorou.

5.8.3 Adaptações para aumentar a participação

Adaptações (diferentemente de "modificações") são alterações físicas ou ambientais, como dar mais tempo para concluir uma tarefa, oferecer pequenas pausas dentro do tempo definido para a tarefa, alterar a arrumação da sala ou do espaço e usar software de computador para "ler" o texto para o aluno. Essas medidas permitem que ele contorne uma dificuldade potencial.

As adaptações podem ser usadas para possibilitar que um aluno com TDC participe de atividades e progrida na aquisição de habilidades motoras. Estas podem ser desenvolvidas à medida que o professor, o terapeuta ocupacional e o fisioterapeuta trabalham juntos.

Recursos podem ser ajustados ou outros diferentes, empregados. Poupando ao aluno o trabalho de digitar cada palavra em um relatório ou redação, o *software* preditivo pode ser utilizado. Em um nível menos tecnológico, adaptadores para preensão de lápis podem ajudar o aluno a controlar os movimentos motores finos da caligrafia. Papel com linhas de orientação possibilita que o aluno mantenha sua escrita dentro de parâmetros aceitáveis. Na educação física, uma bola maior talvez possa ser usada para tornar a pegada manejável e quem sabe, com o tempo, ser reduzida de tamanho à medida que o aluno desenvolve as habilidades de agarrar.

Etapas detalhadas de uma atividade podem ser explicadas, mantendo seu propósito geral e contexto. Na culinária, por exemplo, seriam detalhados os passos exatos para se preparar um doce. Isso pode ser feito usando o encadeamento comportamental, um procedimento instrucional usado para reforçar (aumentar a probabilidade de) respostas individuais que ocorrem em uma sequência. Cada passo é solicitado por comandos verbais, visuais e físicos. À medida que o aluno progride, esses lembretes são gradualmente retirados.

Mudanças ambientais, como garantir que a área de ensino não esteja bagunçada e que haja espaço para a livre movimentação pela sala, podem ajudar o aluno com TDC. Tais mudanças são discutidas mais adiante neste capítulo, na seção "Organização".

5.8.4 Educação física

5.8.4.1 A importância da saúde física e da atividade física

Embora a saúde do corpo e a atividade física sejam importantes, indivíduos com TDC apresentam dificuldades com esportes organizados e brincadeiras livres. Isso ocorre devido a problemas motores grossos relacionados ao equilíbrio, má coordenação olho-mão e habilidades precárias em agarrar, arremessar e chutar.

Deste modo, os alunos com TDC tendem a evitar tais atividades, limitando assim as chances de desenvolvimento físico e social. Levando a uma carência de oportunidades de fazer amizade e socialização, a falta de interação no jogo pode, em última análise, provocar isolamento. Além disso, a falta de brincadeiras e participação em esportes e atividades físicas diminui a saúde física (Cairney, 2015, pp. 62-63).

5.8.4.2 TDC e desafios da educação física e da atividade física

Não há dúvida quanto à importância da educação física, da atividade física e do prazer dos esportes e brincadeiras. Para aqueles com TDC, existem desafios. Pular com ou sem corda pode ser difícil. A habilidade de andar de bicicleta – que envolve equilíbrio e coordenação, e constantemente processar e responder a informações visuais para guiar – é complexa para alguém com TDC e tende a levar mais tempo para ser dominada. Para alunos que apresentam dificuldades para se movimentar entre os aparelhos, as sessões de educação física podem ser indesejadas. Problemas de avaliação de distância e velocidade tornam muitos jogos de bola assustadores.

5.8.4.3 Estratégias nas sessões de educação física

Em sessões de educação física, como ginástica, o professor deve garantir que haja um espaço para cada aluno ao qual ele possa retornar. Proporcionar uma sensação reconfortante de previsibilidade e segurança contribui para aumentar a confiança. Marcações no chão podem ser usadas para indicar os caminhos que os alunos devem seguir para auxiliar a orientação e direção.

Vestir roupas apropriadas para a educação física e voltar a usar roupas do dia a dia pode ser trabalhoso. Os limites de tempo para essa troca que se espera ser feita rapidamente não raramente aumentam a pressão envolvida. Para ajudar, os alunos podem usar roupas adaptadas com botões falsos e fechos de velcro. Com esses itens, as adaptações ficam discretas, e as roupas ainda conseguem ser práticas e elegantes.

5.8.4.4 Educação Física Adaptada

A Educação Física Adaptada é "um programa individualizado que inclui aptidão física e motora, habilidades e padrões motores fundamentais, habilidades em esportes aquáticos e dança, e jogos e esportes individuais e em grupo projetados para atender às necessidades únicas dos indivíduos" (Winnick, 2010, p. 4).

Um professor de Educação Física Adaptada concentra-se nas habilidades motoras fundamentais e no desempenho físico de cada aluno. Isso pode envolver o trabalho com os alunos por um determinado número de horas designadas por semana. Em uma escola, por exemplo, um professor de sala de aula e o professor de Educação Física Adaptada podem trabalhar juntos para desenvolver e ensinar programas de educação física, bem como de lazer e recreação.

Beneficiando os alunos com TDC, essas abordagens também ajudam outras pessoas, por exemplo, aqueles com problemas de saúde ou ortopédicos (www.teachingadaptedpe.com).

5.8.5 Desenvolvimento pessoal e social

5.8.5.1 TDC e potenciais limitações em atividades de lazer e socialização

Dificuldades de coordenação prejudicam o envolvimento em jogos de equipe que exigem altos níveis de coordenação motora, alguns jogos de computador e jogos de tabuleiro. A má coordenação pode inibir a participação em atividades sociais como dança, patinação no gelo e boliche, limitando as oportunidades de confraternização e participação. Os professores e outros envolvidos devem ser capazes de identificar pelo menos um esporte ou atividade que o aluno esteja motivado a experimentar. Isso pode se tornar o foco, enquanto ensina as habilidades motoras envolvidas diretamente e no contexto.

5.8.5.2 Manuseio de dinheiro

Ao utilizar o dinheiro para irem ao cinema, a um salão de dança ou em compras, os idosos podem recorrer a cartões de débito ou crédito que, dependendo do valor, possibilitam pagamentos sem contato. Para crianças mais novas, ou onde é necessário dinheiro físico, manusear moedas pequenas pode ser problemático, especialmente se o indivíduo estiver sob pressão de tempo na frente de uma fila longa. Instruída diretamente, essa atividade pode ser praticada em vários ambientes.

5.8.5.3 Habilidades domésticas

Habilidades domésticas, como limpar o quarto, manter uma área arrumada, cozinhar, colocar a mesa e organizar o conteúdo das prateleiras, representam desafios relacionados à coordenação e movimento. Muitas vezes, adaptações nas rotinas ou no uso de equipamentos trazem benefícios. Ao preparar uma refeição, usar um abridor de latas manual mostra-se um desafio, mas um abridor de latas de parede deve ser muito mais fácil de operar. Passar manteiga ou outro alimento pastoso no pão ou biscoitos pode ser difícil, mas usar talheres com cabos grossos de borracha é uma adaptação possível.

5.8.5.4 Higiene pessoal e aparência

Tanto a higiene pessoal quanto a aparência podem influenciar a aceitação dos colegas e a autoestima. Indivíduos com TDC muitas vezes têm dificuldade em lavar o cabelo, escovar os dentes e cortar as unhas. Para alunos mais jovens, usar o banheiro pode ser problemático.

Indivíduos com TDC costumam levar uma quantidade excessiva de tempo para se vestirem ou despirem. Botões falsos sobre fechos de velcro na roupa e calças com cintura elástica podem poupar tempo. Se um aluno precisar usar o banheiro em ambientes educacionais onde os intervalos de recreação têm um tempo limitado, tais adaptações podem ser úteis.

No ensino médio, a higiene ainda pode ser difícil de alcançar de forma consistente. Não raro, as jovens têm problemas para trocar os produtos de higiene íntima. Necessitando de orientação sensível dos pais e da escola, elas podem achar complicado aplicar cosméticos faciais com moderação, causando um efeito involuntariamente manchado e espalhafatoso. Algumas dessas habilidades podem ser aprendidas na escola e em casa. Os aspectos íntimos da higiene seriam ensinados de forma mais apropriada pelos pais com aconselhamento de um fisioterapeuta ou terapeuta ocupacional.

5.8.5.5 Incentivar a autoestima

Alunos com TDC podem se tornar frustrados, sentir-se desmoralizados e ter baixa autoestima, em parte devido às dificuldades persistentes que enfrentam e que nem sempre são compreendidas pelos outros. Nessas circunstâncias, os professores e demais envolvidos tentarão estabelecer a causa do comportamento.

Eles tentarão entender o TDC e aprimorar suas próprias habilidades no apoio ao aluno, aumentando a probabilidade de que ele seja capaz de enfrentar os desafios da educação e outras demandas do dia a dia.

5.8.6 Escrita à mão e alternativas

5.8.6.1 Disgrafia

"Disgrafia" se refere ao transtorno de aprendizagem relacionado a dificuldades com a caligrafia, "como formar letras ou palavras ou escrever dentro de um espaço definido" (Pullen et al., 2011, p. 191). Ao ensinar a caligrafia, aplicam-se os princípios já discutidos, ou seja, instruir de forma explícita e direta, em vez de esperar que o aluno adquira a habilidade observando os outros. A escrita é ensinada no contexto e para um propósito. Nos aspectos físicos da caligrafia, o apoio pode ser fornecido por um fisioterapeuta ou um terapeuta ocupacional.

5.8.6.2 Postura de escrita e posicionamento

Para evitar desconforto e melhorar o desempenho, um aluno com TDC pode precisar aprender uma boa postura de escrita. Mesas e cadeiras devem ter o tamanho correto no sentido de que ambos os pés do aluno que está escrevendo fiquem apoiados no chão e a altura da mesa esteja ligeiramente acima de seus cotovelos. O posicionamento do papel em que ele escreve deve estar alinhado com o braço do aluno. Para ajudar a garantir que a posição seja mantida, tanto se pode fazer marcações na mesa como utilizar um grande molde de cartão (Mather et al., 2009, pp. 89-90).

5.8.6.3 Instrumentos de escrita

Para ajudar o aluno a segurar o material de escrita com mais conforto, pode-se usar adaptador para preensão de lápis de corte triangular ou uma caneta com corpo de borracha. A pressão do lápis no papel pode ser muito leve ou muito forte devido a dificuldades proprioceptivas que afetam a coordenação e a sensação de exercer pressão. Uma caneta que se ilumina quando pressionada para escrever pode ajudar o aluno a ficar mais consciente da pressão exercida. Um indivíduo pressionando muito levemente será encorajado a aumentar a pressão para fazer o dispositivo acender. Por outro lado, espera-se que um aluno que utiliza muita pressão a reduza de modo a não iluminar a caneta.

5.8.6.4 *Papel pautado*

Os alunos podem trabalhar em padrões de pré-escrita para ajudar a desenvolver o ritmo e a fluência necessários para a escrita. Ao aprender a escrever as letras do alfabeto, usar um papel pautado especial pode ajudar no traçado das formas corretas. Este papel com impressão especial tem uma linha central e uma linha acima e outra abaixo. A linha superior indica a altura da letra ascendente e a linha inferior, a profundidade da letra descendente. Mather et al. (2009, pp. 91-93) fornecem mais sugestões para ajudar a desenvolver uma boa formação de letras.

5.8.6.5 *Controle de movimento*

No que diz respeito ao controle de movimento, os alunos devem conhecer as formas das letras e como elas se ligam cursivamente. Devido às dificuldades de processamento, eles podem não conseguir interromper o traçado de uma letra. Têm a tendência de encompridar uma linha de modo que, por exemplo, um "c" tenha uma cauda muito longa. Resulta daí que o aluno deve aprender que as letras têm um começo e um fim. Isso pode ser auxiliado com a prática de escrever uma série de letras em uma linha horizontal curta delimitada na qual o início e o fim são marcados por linhas verticais. Essas atividades de caráter repetitivo podem se tornar mais atraentes se o professor deixar claro o propósito da tarefa e sua importância. Além disso, há que se optar por manter a atividade curta e repetida com intervalos, em vez de longa e forçada.

Quando letras e palavras forem pouco espaçadas, a escrita cursiva pode ser introduzida cedo e o aluno encorajado a deixar um espaço de um dedo entre as palavras. Isso funciona melhor com um lápis em vez de uma caneta (que pode borrar). A fluência na escrita é difícil de ser alcançada por um aluno com TDC.

Passar de padrões de pré-escrita para a formação de letras com junções/"saídas" integrais para a escrita cursiva pode ajudar na fluência. O aluno não é ensinado a escrever letras "separadas". Os professores também podem considerar o uso de programas de redação comerciais.

5.8.6.6 *Alternativas à caligrafia*

Dadas as dificuldades de caligrafia para indivíduos com TDC, alguns podem pensar que o esforço necessário para conseguir uma boa caligrafia dificilmente vale a pena. Isso pode ser reforçado sabendo que alternativas auxiliadas por computador estão disponíveis. Mesmo os contratos comerciais agora podem ser "assinados" eletronicamente. No entanto, a habilidade de caligrafia não foi substituída por alternativas de computador e continua sendo necessária em muitas situações. Além disso, as alternativas não são isentas de problemas.

Várias estratégias baseadas em computador estão disponíveis para contornar problemas de caligrafia, mas cada uma tem suas próprias demandas que os alunos podem achar desafiadoras. Exemplos incluem

- usar um teclado;
- ditado utilizando um sistema de reconhecimento de voz; e
- programas de previsão de palavras.

Habilidades com o teclado são uma alternativa à caligrafia. Mas um aluno deve conseguir usar automaticamente a capacidade de localização de letras e habilidades de teclado envolvidas no processamento de texto. Caso contrário, o processamento de texto pode não ser fluente o suficiente para ser uma alternativa viável.

O ditado utilizando um sistema de reconhecimento de voz pode eventualmente levar a um texto melhor e mais longo do que um que o aluno pode produzir escrevendo à mão. No entanto, ainda envolve a necessidade de domínio dos comandos para monitorar e corrigir erros. Os alunos devem ser capazes de ditar, monitorar se houve algum erro e usar os comandos do programa de forma eficaz. Tudo isso impõe demandas consideráveis à memória de trabalho.

No *software* de previsão de palavras, as "previsões" são baseadas em sintaxe, ortografia e uso frequente ou recente de palavras. No entanto, o *software* também pode apresentar dificuldades para indivíduos com memória de trabalho fraca ou problemas de atenção ou função executiva. Isso porque o aluno deve monitorar a lista de opções que muda a cada letra digitada.

5.9 Recursos

Auxílios para uma escrita mais fluente incluem adaptadores para preensão de lápis e canetas iluminadoras, conforme descrito anteriormente neste capítulo. Equipamentos especiais para educação física podem ser usados, como bolas extraleves e bastões extragrandes. Equipamentos adaptados como talheres com cabos grossos de borracha podem ser empregados. Botões falsos sobre fechos de velcro podem ser presos à roupa e as calças terem cintura elástica.

Além de serem usados, às vezes, recursos especiais, a participação e o desempenho dos alunos podem ser aprimorados com o emprego dos recursos existentes de maneira diferente. Um exemplo é diminuir a distância entre o lançador e o receptor ao passar uma bola para que a tarefa seja mais fácil e ir aumentando a distância gradualmente, à medida que as habilidades e a confiança necessárias são desenvolvidas.

5.10 Terapia

Envolvendo trabalho em equipe e exemplos de intervenções especializadas, as abordagens terapêuticas podem ser identificadas da seguinte forma:

- Trabalho Multiprofissional Inovador;
- Treinamento de Tarefas Neuromotoras; e
- Orientação Cognitiva para o Desempenho Ocupacional Diário.

5.10.1 *Trabalho multiprofissional inovador*

Boas oportunidades para um trabalho inovador em equipe surgem entre o professor de educação física e um fisioterapeuta ou terapeuta ocupacional. Como o TDC afeta as atividades da vida diária, o terapeuta ocupacional tem um papel importante. Trabalhando individualmente com o aluno por algum tempo, os terapeutas também atuarão com o professor, pais e outros, para que todos os envolvidos possam garantir que as habilidades motoras sejam incentivadas e aplicadas em diferentes contextos.

Na prática atual, há uma tendência a se afastar de abordagens "de baixo para cima", como o treinamento perceptivo-motor, que tenta remediar supostos déficits motores subjacentes, esperando que isso leve a progressos no desempenho motor. Há pouca evidência da eficácia de tais estratégias de baixo para cima. Consequentemente, e cada vez mais, são preferidas abordagens "de cima para baixo" que se concentram em um objetivo e no contexto da aprendizagem motora. Ser capaz de amarrar um cadarço ou passar uma bola com precisão em um jogo de basquete são exemplos que têm um objetivo e um contexto.

5.10.2 *Treinamento de Tarefas Neuromotoras*

O Treinamento de Tarefas Neuromotras (NTT – Neuromotor Task Training) foi desenvolvido na Holanda para o tratamento de crianças com TDC por fisioterapeutas pediátricos (Niemeijer et al., 2007). Baseado em princípios de controle motor e aprendizagem motora, também leva em consideração princípios de ensino motor e motivação. Fundamental para a abordagem é uma avaliação neuromotora e uma análise de tarefas das habilidades que a criança considera problemáticas.

Como uma intervenção de tarefa específica, o Treinamento de Tarefas Neuromotoras se concentra diretamente no ensino das habilidades que o indivíduo precisa na vida diária. As tarefas são aprendidas em uma variedade de contextos para ajudar a criança a generalizar as habilidades envolvidas em ambientes da vida real. A aprendizagem é dirigida pelo fisioterapeuta ou terapeuta ocupacional, que dá instruções faladas, dicas visuais ou assistência física, para ajudar o aluno a sentir o movimento e a aprendê-lo.

5.10.3 *Orientação Cognitiva para o Desempenho Ocupacional Diário*

Desenvolvida no Canadá para crianças com TDC, a Orientação Cognitiva para o Desempenho Ocupacional Diário (Cognitive Orientation to Daily Occupational Performance – CO-OP) (Levac et al., 2009) geralmente envolve um terapeuta ocupacional trabalhando em estreita colaboração com os pais e o aluno. O objetivo é ajudar as crianças a descobrir as estratégias cognitivas que irão melhorar sua capacidade de realizar tarefas cotidianas, como escrever, andar de bicicleta, usar talheres e pegar uma bola.

A CO-OP emprega estratégias globais e de domínio específico e orienta os indivíduos a descobrir estratégias, permitindo-lhes atingir os objetivos que selecionaram. Usada para determinar quando um aluno tem dificuldades em realizar uma atividade, a "análise dinâmica de desempenho" permite identificar pontos em que o desempenho falha. O terapeuta ensina ao aluno uma estratégia global chamada "Meta-Plano-Fazer-Checar" para atuar como uma estrutura para resolver problemas de desempenho com base motora e, em seguida, orienta-o a descobrir estratégias específicas de domínio que possibilitarão a realização da atividade.

5.11 Organização

A organização do grupo pode ser um veículo para encorajar as crianças mais novas a desenvolver e praticar habilidades motoras. Em um ambiente de grupo maior, como a sala de aula da escola, pode haver vários centros de atividades onde é possível mostrar e ensinar às crianças habilidades motoras finas e grossas. Nas áreas de recreação, os professores podem ensinar diretamente às crianças as habilidades necessárias para participar.

Além disso, a organização física de grupos maiores contribui para mitigar os efeitos do TDC. Tal providência garante um movimento relativamente livre pela sala sem confusão desnecessária. O aluno pode sentar-se na frente do grupo em um assento próximo à porta de entrada para evitar esbarrar em outras pessoas e em objetos ao entrar ou sair da sala. Em um cenário ideal, a sala deve ser grande o suficiente para permitir que a disposição dos móveis para diferentes atividades, como trabalho em grupo ou trabalho de toda a turma, seja permanente.

Isso permite que o aluno com TDC se acostume com a mesma arrumação, em vez de ter que se adaptar constantemente à medida que os móveis são movidos em diferentes arranjos para novas atividades. No entanto, se o espaço for limitado, disposições fixas podem não ser praticáveis. Nessa situação, as posições para as quais os móveis são movidos para diferentes atividades podem ser marcadas no chão da sala de modo que tais posições sejam pelo menos previsíveis e constantes.

5.12 Conclusão

A compreensão do TDC, da dispraxia e de outras manifestações de dificuldades motoras começou com noções de desajeitamento, refletidas em suas definições. A dispraxia costuma ser definida em termos de planejamento e organização do movimento. O TDC tem um efeito prejudicial generalizado em muitos aspectos da vida diária. Em crianças de 5 a 11 anos, a prevalência de TDC é de 5 a 6%. Pode ser mais comum em meninos. O TDC coocorre com muitas outras condições e às vezes de forma muito pronunciada, como acontece também com o transtorno do déficit de atenção com hiperatividade.

O TDC pode ter um componente genético. Pode se originar no período pré-natal ou logo após o nascimento, bem como resultar de danos durante o desenvolvimento do cérebro. O nascimento prematuro parece ser um fator de risco. O TDC pode estar associado à disfunção dos lobos parietais e do cerebelo. Em crianças, os mecanismos neurológicos envolvidos na previsão do controle motor podem estar comprometidos, ocasionando possíveis déficits no controle executivo.

Identificação e avaliação em geral envolvem o uso de instrumentos de triagem, testes padronizados e avaliações multiprofissionais. Existem implicações para testes em diferentes idades e elegibilidade para instrumentos de suporte especiais.

Currículos para alunos com TDC tendem a diferir em ênfase e em detalhes daqueles de outros alunos. Podem enfatizar áreas em que eles precisam de mais prática e suporte. Os programas podem especificar o desempenho com mais detalhes onde a coordenação motora é central e onde as tarefas são difíceis ou potencialmente inseguras para alunos com TDC. As atividades motoras necessárias são instruídas diretamente e no contexto, quando necessário. A avaliação detalhada do desenvolvimento motor é realizada, permitindo que o progresso seja monitorado, reconhecido e confirmado.

A pedagogia envolve abordagens gerais de sala de aula, treinamento de habilidades específicas e adaptações para aumentar a participação do aluno. Também se relaciona com áreas-chave, incluindo educação física, educação pessoal e social, e caligrafia.

Os recursos incluem equipamentos especiais e adaptados, bem como o uso de recursos regulares de forma diferenciada. Exemplos de fisioterapia são o Treinamento de Tarefas Neuromotoras e a Orientação Cognitiva para o Desempenho Ocupacional Diário. A organização adequada inclui a disposição dos móveis e equipamentos nas salas.

5.13 Pontos para reflexão

Os leitores podem querer considerar

• a eficácia das abordagens que ajudarão os alunos com TDC em todas as áreas da vida escolar e, em particular, aulas de disciplinas, e

• como professores, auxiliares de sala de aula e outros profissionais podem trabalhar de forma mais eficiente com fisioterapeutas e terapeutas ocupacionais para melhorar de forma geral os instrumentos de suporte.

5.14 Texto essencial

Cairney, J. (Ed.) (2015). *Developmental Coordination Disorder and Its Consequences*. University of Toronto Press.

Destinado a professores, pais e médicos, este livro inclui informações sobre diagnóstico, as consequências relativas à saúde mental, desempenho social, saúde do corpo e atividade física, e os fundamentos neuropsicológicos do TDC. Como o título sugere, há uma ênfase nas consequências do TDC.

5.15 Referências

American Psychiatric Association (2013). *Diagnostic and Statistical Manual of Mental Disorders Fifth Edition (DSM-5)*. APA.

Barnett, A., Henderson, S. E., Scheib, B., & Schulz, J. (2007). *The Detailed Assessment of Speed of Handwriting – DASH*. Pearson Clinical.

Beery, K. E., Beery, N. A., & Buktenica, N. A. (2010). *The Beery-Buktenica Developmental Test of Visual-Motor Co-ordination*. Pearson Clinical.

Bruinincks, R. H., & Bruinincks, B. D. (2005). *Bruinincks-Oseretsky Test of Motor Proficiency (BOT-2)*. AGS Publishing.

Cairney, J. (2015). Developmental coordination disorder, physical activity, and physical health: Results from the PHAST project. In J. Cairney (Ed.), *Developmental Coordination Disorder and Its Consequences*. University of Toronto Press.

Edwards, J., Berube, M., Erlandson, K., Haug, S., Johnstone, H., Meagher, M., Sarkodee-Adoo, S., & Zwicker, J. G. (2011, novembro). Developmental coordination disorder in school-aged children born very preterm and/or at very low birth weight: A systematic review. *Journal of Developmental and Behavioural Pediatrics, 32*(9), 678-687.

Engel-Yeger, B. (2015). DCD and participation. In J. Cairney (Ed.), *Developmental Coordination Disorder and Its Consequences.* University of Toronto Press.

Gaines, R., Collins, D., Boycott, K., Missiuna, C., Delaat, D., & Soucie, H. (2008, novembro). Clinical expression of developmental coordination disorder in a large Canadian family. *Paediatrics and Health, 13*(9), 763-768.

Geuze, R. H. (2005). Postural control in children with developmental coordination disorder. *Neural Plasticity, 12*(2-3), 183-196, [discussão, pp. 263-272].

Henderson, S. E., Sugden, D. A., & Barnett, A. L. (2007). *Movement Assessment Battery for Children (MABC-2).* Pearson.

Levac, D., Wishart, L., Missiuna, C., & Wright, V. (2009, inverno). The application of motor learning strategies within functionally based interventions for children with neuromotor conditions. *Pediatric Physical Therapy, 21*(4), 345-355.

Mather, N., & Wending, B. J. (2012). *Essentials of dyslexia assessment and intervention.* Wiley.

Mather, N., Wending, B. J., & Roberts, R. (2009). *Writing Assessment and Instruction for Students with Learning Disabilities*. Jossey-Bass.

Missiuna, C., Polatajko, H. J., & Pollock, N. (2015). Strategic management of children with developmental coordination disorder. In J. Cairney (Ed.), *Developmental Coordination Disorder and Its Consequences*. University of Toronto Press.

Niemeijer, A. S., Smits-Engelsman, B. C., & Schoemaker, M. M. (2007, junho). Neuromotor task training for children with developmental coordination disorder: A controlled trial. *Developmental Medicine and Child Neurology*, *49*(6), 406-411.

Piek, J. P., & Rigoli, D. (2015). Psychosocial and behavioural difficulties. In J. Cairney (Ed.), *Developmental Coordination Disorder and Its Consequences*. University of Toronto Press.

Pullen, P. C., Lane, H. B., Ashworth, K. E., & Lovelace, S. P. (2011). Learning disabilities. In J. M. Kauffman, & D. P. Hallahan (Eds.), *Handbook of Special Education*. Routledge.

Schoemaker, M. M., & Wilson, B. N. (2015). Screening for developmental coordination disorder in school-age children. In J. Cairney (Ed.), *Developmental Coordination Disorder and Its Consequences*. University of Toronto Press.

Tsai, C. L., Wang, C. H., & Tseng, Y.-T. (2012). Effects of exercise intervention on event-related potential and task performance indices of attention networks in children with developmental coordination disorder. *Brain and Cognition, 79*(1), 12-22.

Wilson, P. (2005). Visuospatial, kinesthetic, visuomotor integration, and visuoconstructional disorders: Implications for motor development. In D. Dewey, & D. E. Tupper (Eds.), *Developmental Disorders: A Neurological Perspective*. The Guilford Press.

Wilson, P. H. (2015). Neurocognitive processing deficits. In J. Cairney (Ed.), *Developmental coordination disorder and its consequences*. University of Toronto Press.

Winnick, J. P. (2010). *Adapted physical education and sport* (5. ed.). Human Kinetics Publishers.

Zwicker, J. G., Missiuna, C., Harris, S. R., & Boyd, L. A. (2010a, abril). Brain activation associated with motor skills practice in children with developmental coordination disorder: An fMRI study. *International Journal of Developmental Neuroscience, 29*(2), 145-152.

Zwicker, J. G., Missiuna, C., Harris, S. R., & Boyd, L. A. (2010b, setembro). Brain activation of children with developmental coordination disorder is different than peers. *Pediatrics, 126*(3), 678-686.

6
Trabalho multiprofissional

6.1 Introdução

As políticas de serviços para crianças e famílias há muito exigem uma "abordagem conjunta baseada em resultados" para a prestação de serviços. Espera-se que isso se baseie em processos precisos de "encaminhamento, registro, compartilhamento de informações, avaliação, gerenciamento, planejamento, entrega, monitoramento e avaliação" (Davis & Smith, 2012, cap. 1).

Neste capítulo, como preâmbulo para examinar o trabalho multiprofissional, exploro os papéis de vários profissionais com potencial de trabalhar com alunos especiais. Analisando exemplos relevantes para a provisão de instrumentos de suporte para indivíduos com transtornos específicos de aprendizagem, considero fonoaudiólogos, fisioterapeutas, psicólogos escolares/educacionais, terapeutas ocupacionais e assistentes sociais escolares.

Discute-se a colaboração multiprofissional, incluindo trabalho multiagência, diferentes modelos de prestação de serviços e ligações comuns entre os serviços. Examino os desafios do trabalho multiprofissional, especialmente da coordenação dos vários agentes envolvidos e de lidar com diferenças profissionais.

São considerados auxílios ao bom trabalho multiprofissional, tais como desenvolver perspectivas sobrepostas, compartilhar um propósito comum, bem como comunicar-se claramente, ter responsabilidades acordadas, desenvolver um local único para pais e alunos, formar fortes relações pais-profissionais, participar de treinamentos e avaliações compartilhados, trabalhar juntos na sala de aula e coordenar o suporte. Este capítulo se baseia na discussão mais completa do trabalho multiprofissional em *Looking into Special Education* (Farrell, 2014, pp. 89-108).

6.2 Papéis profissionais

Muitos papéis e responsabilidades profissionais estão envolvidos no trabalho com alunos especiais. Eles incluem o de administrador, advogado, terapeuta artístico, fonoaudiólogo, terapeuta comportamental, psiquiatra infantil e adolescente, auxiliar de sala de aula, psicólogo clínico, terapeuta cognitivo-comportamental, condutor (envolvido na educação condutiva), conselheiro, terapeuta de dança e movimento, psicólogo escolar, musicoterapeuta, neurologista, oftalmologista, ortoptista, pediatra, protético, assistente social escolar e professor (Farrell, 2009, passim).

Vários profissionais atuam como instrumentos de suporte para transtornos específicos de aprendizagem, cada qual com suas próprias percepções, treinamento e atribuições. Exemplos são

- fonoaudiólogo;
- fisioterapeuta;
- psicólogo escolar;
- terapeuta ocupacional; e
- assistente social escolar.

6.2.1 Fonoaudiólogo

"Speech-language pathologist" é o termo usado nos Estados Unidos, enquanto "speech and language therapist" é o preferido na Inglaterra e "speech pathologist", na Austrália. Seu trabalho envolve avaliar e tratar transtornos que afetam a fala, linguagem, voz, deglutição e processamento mental de um indivíduo para melhorar a comunicação. As intervenções podem incluir prática e exercícios e fornecer suporte com auxílios de comunicação, como sinais manuais ou uso de símbolos.

Um fonoaudiólogo pode se qualificar por meio de um curso de graduação ou diploma. Nos Estados Unidos, diferentes estados regulam a prática de acordo com as leis estaduais. O padrão básico exigido pela American Speech Language Hearing Association (2021) para associação certificada em fonoaudiologia é um diploma nesta especialidade, um ano de bolsa clínica e aprovação em um exame adicional.

Um fonoaudiólogo qualificado pode exercer a profissão em uma escola, clínica ou hospital. Em uma escola, eles geralmente atuam em equipe com professores e outros profissionais. Eles podem trabalhar diretamente com um aluno ou em um papel de consultoria com um professor e pais que contribuem para intervenções para melhorar a comunicação do aluno.

6.2.2 Fisioterapeuta

Um fisioterapeuta ("physical therapist" nos Estados Unidos, "physiotherapist" na Inglaterra) é um profissional de saúde que passou por treinamento e recebeu certificação. Ele pode trabalhar em um hospital ou clínica comunitária e visitar escolas ou residências de clientes e fornecer tratamento para melhorar a postura e o movimento e funções específicas relacionadas aos dois. Isso pode ser feito por meio de exercícios, movimento, posicionamento, auxílios físicos, hidroterapia e uso de vibração ou calor. As especialidades incluem fisioterapia do desenvolvimento com crianças especiais e fisioterapia de reabilitação.

Um fisioterapeuta do desenvolvimento realizará uma avaliação do nível de funcionamento e habilidades físicas de uma criança e elaborará um plano de tratamento que geralmente envolve contribuições de outros adultos. Os responsáveis pela criança observarão os conselhos do fisioterapeuta sobre posicionamento, exercícios e uso de aparelhos e auxílios. A fisioterapia pediátrica envolve o tratamento de crianças com condições como paralisia cerebral, espinha bífida e artrite juvenil.

Os órgãos profissionais incluem a American Physical Therapy Association (2021) e, no Reino Unido, a Chartered Society of Physiotherapy (2021).

6.2.3 Psicólogo escolar

A psicologia escolar é essencialmente a psicologia aplicada à aprendizagem e ao desenvolvimento das crianças no contexto da sua escolarização. Um psicólogo escolar (na Inglaterra, um "psicólogo educacional") aplica as habilidades e conhecimentos de psicologia educacional e clínica. Ele realiza avaliações e intervenções para ajudar crianças e jovens a se desenvolver e aprender melhor. É provável que o treinamento de pós-graduação inclua o estudo de avaliações e sua interpretação, desenvolvimento infantil, personalidade, aprendizado de crianças e adolescentes, psicologia social de grupos e a organização mais ampla da educação escolar.

Trabalhando em estreita colaboração com professores e outros profissionais, um psicólogo escolar pode observar os alunos em ambientes de sala de aula e aconselhar os professores sobre abordagens adequadas para o gerenciamento de aprendizagem e comportamento. Entre as associações profissionais estão a Association of Educational Psychologists no Reino Unido (2021) e nos Estados Unidos a National Association of School Psychologists (2021).

6.2.4 *Terapeuta ocupacional*

Um terapeuta ocupacional trata transtornos perceptivos, motores e de aprendizagem motora. A terapia ocupacional diz respeito à avaliação e intervenção em resposta a vários requisitos decorrentes de deficiências físicas, dificuldades psicológicas e problemas com consciência sensorial, habilidades perceptivas e consciência motora.

Um terapeuta ocupacional pode fornecer terapia, ajuda e adaptações que muitas vezes envolvem a implementação de programas de treinamento para habilidades de autoajuda, trabalho e lazer. Os terapeutas ocupacionais pediátricos trabalham com famílias e escolas para maximizar as habilidades dos alunos em casa e na escola. Os órgãos profissionais incluem a O T Australia (2021) e a American Occupational Therapy Association (2021).

6.2.5 *Assistente social escolar*

Os assistentes sociais escolares abordam questões sociais e psicológicas que impedem o progresso acadêmico do aluno. Nos Estados Unidos, o treinamento e a qualificação podem ser feitos por meio de cursos de especialização seguidos de licenciamento. Por meio de aconselhamento, intervenção em crises e programas de prevenção, os assistentes sociais escolares ajudam os jovens a superar as dificuldades da vida, melhorando suas chances de sucesso na escola.

Eles ajudam jovens com problemas acadêmicos e auxiliam outros indivíduos cujas dificuldades sociais, psicológicas, emocionais ou físicas colocam-nos em risco, como alunos com deficiências físicas ou mentais. Um assistente social escolar pode estar envolvido em programas de prevenção da violência. Eles também têm um conhecimento prático da lei relevante e habilidades de advocacia. O maior corpo profissional de serviço social é a National Association of Social Workers (2021) com sede em Washington D.C.

6.3 Trabalho multiprofissional

6.3.1 Trabalho multiprofissional e multiagência

Pode-se distinguir o trabalho multiprofissional de um subconjunto dele, o trabalho multiagência. No trabalho multiprofissional, profissionais com diferentes perspectivas e experiências atuam juntos com sucesso como uma equipe ou organização. Compartilham um empreendimento comum de prática diária, avaliação ou intermediadores para o qual trabalham a fim de beneficiar indivíduos com deficiências e transtornos. Tal trabalho pode envolver profissionais da mesma agência, como quando em um serviço educacional um professor e um auxiliar de sala colaboram entre si, ou quando um enfermeiro, um médico e um fisioterapeuta cooperam dentro de um serviço de saúde. Desafios extras são colocados pelo trabalho multiagências, em que profissionais de diferentes setores unem esforços, por exemplo, saúde, assistência social/proteção social, os departamentos de justiça da criança e do adolescente, e educação.

6.3.2 Modelos de prestação de serviços

O trabalho multiagência pode variar de reuniões periódicas a trabalho altamente integrado em um único local. Um painel de várias agências pode se reunir mensalmente. Membros de diferentes serviços podem ser transferidos para um grupo multiagências, em período integral ou parcial, talvez para uma equipe dedicada a lidar com comportamento desafiante em alunos.

Os serviços integrados podem funcionar em um único local, desenvolvendo uma abordagem comum envolvendo escolas de tempo integral, centros de educação comunitária (*full-service schools*) ou centros infantis. As escolas especiais podem ser espaços profícuos para isso, oferecendo oportunidades para uma melhor comunicação devido ao local comum e oportunidades para treinamento conjunto e desenvolvimento de uma abordagem mais holística para o indivíduo.

6.3.3 Ligações comuns entre serviços

Algumas ligações entre serviços são comparativamente comuns. Psicólogos escolares (educacionais) tendem a trabalhar com funcionários de assistência social/proteção social, como assistentes sociais escolares e comunitários e funcionários de serviços de saúde comunitários. Funcionários responsáveis pela frequência escolar se articulam com assistentes sociais que conhecem as respectivas famílias. Médicos hospitalares especializados trabalham com professores atendendo alunos com deficiências sensoriais.

Professores que educam alunos com deficiências de linguagem formam parcerias com fonoaudiólogos/terapeutas, enquanto educadores de alunos com deficiências físicas cooperam com terapeutas ocupacionais. A equipe educacional que trabalha com alunos com transtornos de conduta ou ansiedade ou transtornos depressivos colaboram com profissionais de saúde mental.

Em diferentes países, os arranjos exatos e as inter-relações variam, mas essencialmente é provável que se forme uma gama típica de relações profissionais.

Outras relações menos comuns que têm o potencial de serem benéficas para um aluno especial podem exigir esforço e planejamento extras. Redes de instituições de caridade e iniciativas nacionais ou locais/estaduais podem incentivar melhores parcerias profissionais.

6.4 Desafios do trabalho multiprofissional

Entre as vantagens de um bom trabalho multiprofissional estão o atendimento às necessidades das crianças e suas famílias, garantindo melhores resultados para elas, bem como benefícios para a equipe e os serviços. Embora existam muitas áreas de boas práticas, as tentativas de garantir o trabalho multidisciplinar e multiagência muitas vezes fracassam.

6.4.1 Desafios de coordenar vários profissionais

Parte do desafio é lidar com o grande número de profissionais envolvidos. Apenas para dar um exemplo, para alguém que sofre uma lesão cerebral traumática, uma grande equipe de profissionais é inicialmente mobilizada, que pode incluir, além de médicos e enfermeiros, nutricionista ou dietista, psicólogo, fonoaudiólogo, professor, terapeuta ocupacional, terapeuta recreativo, fisioterapeuta, assistente social e terapeuta da deglutição (um fonoaudiólogo que realiza avaliações de deglutição e fornece conselhos sobre alimentação segura). À medida que a criança progride, a equipe fica menor, talvez reduzida a médico, professor, psicólogo e assistente social.

6.4.2 Diferenças profissionais: de salários a lutas de poder

Entre os obstáculos para o bom trabalho multiprofissional estão a formação, as perspectivas, os objetivos e as responsabilidades dos diversos profissionais. A saúde e a assistência social podem ter diferentes arranjos de organização local e diferentes vínculos com o governo nacional. Os limites geográficos cobertos por vários serviços podem não coincidir, criando problemas potenciais em que há sobreposição ou lacunas na cobertura. Lutas de poder e choques de personalidade autoindulgentes podem azedar o trabalho conjunto. As estruturas de gestão, formação educacional, perspectivas, prioridades e salários diferem. Noções de confidencialidade, quando informações precisam ser compartilhadas, podem ser muito supervalorizadas.

6.5 Auxílios ao trabalho multiprofissional

Os recursos que aprimoram o trabalho multiprofissional incluem

- desenvolver perspectivas sobrepostas;
- compartilhar um propósito comum e comunicar-se claramente;
- haver um consenso sobre a responsabilidade de cada parte;
- desenvolver um local único para pais e alunos;
- construir fortes relações entre pais e profissionais;
- participar de treinamentos e avaliações compartilhados;
- trabalhar juntos na sala de aula; e
- coordenação de apoio.

6.5.1 Desenvolver perspectivas sobrepostas

Embora perspectivas harmônicas entre membros de diferentes profissões dificilmente são atingíveis, pontos de vista sobrepostos podem ser desenvolvidos. Considere o trabalho multiprofissional entre professores e um fonoaudiólogo com um aluno com transtornos de fala e comunicação. Aqui, a perspectiva do fonoaudiólogo (por exemplo, uma visão psicolinguística da comunicação) será justificada por treinamento e especialização específicos. Qualquer que seja sua perspectiva influenciará as estruturas para a compreensão do desenvolvimento, patologia e correção da fala e da linguagem que, por sua vez, influenciarão a terminologia clínica ("disartria", "dispraxia verbal", "disfonia" e "disfasia").

A visão educacional de professores e outros profissionais pode diferir daquela do fonoaudiólogo. Nesse caso, professor e fonoaudiólogo, psicólogo escolar e outros devem trabalhar juntos para garantir que seus objetivos coincidam e que a terminologia e as perspectivas educacionais e fonoaudiológicas sejam integradas nas intervenções propostas.

6.5.2 Compartilhar um propósito comum e comunicar-se claramente

Quando o propósito do trabalho multiprofissional não é claro, é menos provável que seja cumprido porque ninguém saberá quando o objetivo está próximo. Necessidades práticas bem definidas devem influenciar o tamanho e a composição de uma equipe de profissionais coordenando e prestando serviços. Em uma reunião bem organizada do Programa de Educação Individualizada, o propósito e as respectivas funções do aluno, dos pais e dos profissionais serão claramente compreendidos. Após a reunião, deve haver avaliação e monitoramento para ajudar a determinar a eficácia ou não das ações propostas.

O uso de terminologias próprias de cada área está tão insidiosamente arraigado em todas as profissões que os profissionais podem não estar cientes das siglas, expressões especiais ou termos incomuns que usam e que atrapalham a comunicação. Como um desgostoso orador uma vez aconselhou, "evite os jargões como o diabo foge da cruz".

6.5.3 *Haver um consenso sobre a responsabilidade de cada parte*

Todos os profissionais devem estar bem informados sobre a contribuição de outros colegas e como eles podem trabalhar juntos para beneficiar o aluno individualmente e sua família. As responsabilidades de cada profissional podem ser especificadas e vinculadas ao progresso acadêmico e pessoal que os alunos fazem. Uma escola que procura os serviços de um psicólogo educacional/escolar pode vincular seu trabalho aos resultados do aluno.

Considere um psicólogo ajudando uma escola a introduzir um sistema de gerenciamento de comportamento esperando progresso neste sentido em relação a alunos com transtorno de desafio opositor. Um resultado acordado entre as partes pode ser uma redução no número de alunos excluídos da escola anualmente. As opiniões dos professores podem ser coletadas antes e depois da introdução da intervenção para ver se suas visões do comportamento do aluno melhora. Isso ajuda a avaliar a eficácia da intervenção, permitindo que a escola e o psicólogo se concentrem na tarefa e em seus respectivos papéis para alcançar os objetivos desejados.

6.5.4 *Desenvolver um local único para pais e alunos*

Na questão de alunos especiais, muitos profissionais podem estar envolvidos, valendo a pena considerar o uso de um único centro do tipo "one stop". Ali, a equipe pode reunir informações e aconselhamento para se atualizar sobre orientações educacionais e outras para ajudar o aluno a aprender e se desenvolver melhor.

Este centro pode ser uma escola especial, uma escola regular, uma clínica ou similar. As vantagens práticas para pais e alunos serão patentes. Em vez de precisar visitar separadamente um hospital, um instituto e um consultório de terapeuta, todos os profissionais relevantes podem ser consultados em um único local. Por sua vez, os profissionais podem agendar um horário para conversar, compartilhar informações e trabalhar em conjunto conforme necessário. As desvantagens potenciais são que um determinado profissional pode achar mais difícil manter contato com colegas da mesma área (digamos, psicologia) e não ter o apoio, as informações e a visão compartilhada de grupos profissionais únicos no seu auge. Isso sugere que parte do tempo de uma semana típica poderia ser empregado com colegas da mesma profissão, quando os problemas assim exigirem.

6.5.5 *Construir fortes relações entre pais e profissionais*

Os pais podem estar despreparados para os muitos profissionais que encontram quando seu filho é avaliado com uma deficiência ou transtorno e ficam temporariamente desorientados. Eles apreciam apoio emocional, ajuda prática e informações claras neste momento. Pais e profissionais desenvolvem boas parcerias quando valorizam o envolvimento uns dos outros e quando os profissionais reconhecem que os pais podem estar bem informados sobre o transtorno específico de seu filho. As discussões devem ser realistas, envolver conselhos práticos e saber ouvir, e reconhecer os pontos fortes e fracos de um aluno. Os pais dão valor a profissionais que não têm ideias pré-concebidas sobre o que a criança pode fazer. Acham útil conversar com a equipe quando deixam a criança na escola, assim como lançar mão de e-mails, telefonemas, reuniões ocasionais e um registro diário auxilia na comunicação entre a escola e o lar. Os pais muitas vezes ajudam uns aos outros compartilhando experiências semelhantes e os profissionais podem facilitar isso.

6.5.6 *Participar de treinamentos e avaliações compartilhados*

O treinamento conjunto pode ser oferecido a vários grupos profissionais diferentes, desde que seja bem planejado e esteja claro como cada grupo se beneficiará com isso. Fonoaudiólogos, professores e auxiliares que trabalham com alunos com transtornos da fala e da linguagem podem participar de conferências e treinamentos conjuntos para ouvir e discutir novas abordagens ou pesquisas. As conferências regionais geralmente oferecem uma fonte útil de informação e compartilhamento para profissionais das áreas vizinhas.

A avaliação conjunta da aprendizagem e desenvolvimento de alunos especiais pode envolver diversos profissionais. Ao invés de cada profissional avaliar o aluno individualmente, avaliações compartilhadas podem ser feitas. Nesses arranjos, os profissionais se comunicam com o aluno e entre si para tentar entender melhor o seu aprendizado e desenvolvimento e o que pode aprimorá-los. Como três ou quatro avaliações em separado são substituídas por uma avaliação detalhada e holística, essa abordagem também economiza tempo.

6.5.7 Trabalhar juntos na sala de aula

O trabalho conjunto entre professor e auxiliar de sala de aula/assistente de ensino é fundamental. O auxiliar pode trabalhar predominantemente com alunos especiais. Em um papel de preparação, eles ajudam o professor a planejar o trabalho ou a aprontar os materiais curriculares. Do ponto de vista organizacional, eles arrumam a sala de aula para permitir que o trabalho seja apresentado com precisão para diferentes alunos e grupos. Do ponto de vista gerencial, ajudam na administração geral do comportamento, mantendo os alunos individuais focados em seu trabalho. Do ponto de vista prático, trabalham com indivíduos ou grupos, dão explicações extras e oferecem suporte aos resultados dos Planos Educacionais Individuais.

Quando o professor está falando para toda a turma, o auxiliar pode anotar as contribuições de diferentes alunos para garantir uma participação equitativa ao longo do tempo, alimentando o planejamento subsequente do professor com essas informações. O plano de aula dos professores deve indicar o papel do auxiliar em ajudar os alunos a alcançar os resultados da lição e isso (assim como a contribuição do professor) pode ser avaliado. Nos Estados Unidos, um professor de sala de aula e um "professor de educação física adaptada" trabalham juntos para desenvolver e ensinar programas de educação física, bem como de lazer e recreação, ajudando a incluir alunos com TDC, ou problemas de saúde ou ortopédicos.

6.5.8 Coordenação de apoio

Uma pessoa responsável por coordenar o apoio a um aluno pode ajudar a reduzir a duplicação de serviços e detectar lacunas na provisão de instrumentos de suporte. Na Inglaterra, um coordenador de necessidades educacionais especiais (*special educational needs co-ordinator* – SENCO) é um professor que reúne apoio e intervenções dentro e fora da escola. Para professores, pais e alunos dentro da escola que tenham preocupações sobre o progresso e os instrumentos de suporte, eles são os responsáveis pela interlocução. Além da escola, os SENCOs ajudam a coordenar o apoio de profissionais como psicólogos, médicos, fisioterapeutas, terapeutas ocupacionais e profissionais de saúde mental. Outros países designam funcionários com papéis semelhantes.

Os coordenadores devem conhecer os alunos e suas famílias. Isso permite que eles avaliem as mudanças no bem-estar do aluno ou no progresso acadêmico percebidos por si mesmos ou relatados a eles por outros. Além disso, os coordenadores devem saber quais serviços locais podem ser implantados e ter credibilidade profissional para reunir profissionais com compromissos concorrentes.

As reuniões convocadas para estruturar ou revisar um Programa de Educação Individual (Individual Education Program – IEP) podem ajudar na colaboração multiprofissional, especialmente se houver uma pauta clara, papéis explícitos para cada participante e um acordo sobre quais devem ser os resultados da reunião.

6.6 Pontos para reflexão

Com referência aos serviços em que você trabalha ou que conhece, identifique dois ou três desafios para o trabalho multiprofissional eficaz. Para cada desafio, tente identificar o que poderia ser feito para melhorar as coisas. Que cronogramas e recursos provavelmente estariam envolvidos?

6.7 Texto essencial

Davis, J., & Smith, M. (2012). *Working in Multi-professional Contexts: A Practical Guide for Professionals In Children's Services*. Sage.

Baseando-se em exemplos do Reino Unido, este livro cobre áreas-chave do trabalho multiprofissional.

6.8 Conclusão

Entre os profissionais que têm potencial de trabalhar com alunos especiais, alguns muitas vezes atendem indivíduos com transtornos específicos de aprendizagem. São eles o fonoaudiólogo, o fisioterapeuta, o psicólogo escolar/educacional, o terapeuta ocupacional e o assistente social escolar. A colaboração multiprofissional inclui o trabalho multiagência, diferentes modelos de prestação de serviços e ligações comuns entre os serviços.

Os desafios abrangem coordenar vários profissionais e lidar com atritos que vão desde diferenças salariais até lutas de poder. Auxílios para um bom trabalho multiprofissional são desenvolver perspectivas sobrepostas, compartilhar um propósito comum e comunicar-se claramente, haver um consenso sobre a responsabilidade de cada parte, desenvolver um local único para pais e alunos, construir fortes relações entre pais e professores, participar de treinamentos e avaliações compartilhados, trabalhar juntos na sala de aula e coordenação de apoio.

6.9 Referências

American Occupational Therapy Association (2021). www.aota.org

American Physical Therapy Association (2021). www.apta.org

American Speech Language Hearing Association (2021). www.asha.org

Association of Educational Psychologists (2021). www.aep.org.uk

Chartered Society of Physiotherapy (2021). www.csp.org.uk

Davis, J., & Smith, M. (2012). *Working in multi-professional contexts: A practical guide for professionals in children's services*. Sage.

Farrell, M. (2009). *Foundations of special education: An introduction*. Wiley-Blackwell.

Farrell, M. (2014). *Looking into special education: A synthesis of key themes and concepts*. Routledge.

National Association of School Psychologists (2021). www.naspweb.org

National Association of Social Workers (2021). www.naswdc.org

O T Australia (2021). www.auscot.com.au

Conecte-se conosco:

- **f** facebook.com/editoravozes
- **◎** @editoravozes
- **𝕏** @editora_vozes
- **▶** youtube.com/editoravozes
- **☎** +55 24 2233-9033

www.vozes.com.br

Conheça nossas lojas:

www.livrariavozes.com.br

Belo Horizonte – Brasília – Campinas – Cuiabá – Curitiba
Fortaleza – Juiz de Fora – Petrópolis – Recife – São Paulo

  Vozes de Bolso

EDITORA VOZES LTDA.
Rua Frei Luís, 100 – Centro – Cep 25689-900 – Petrópolis, RJ
Tel.: (24) 2233-9000 – E-mail: vendas@vozes.com.br